別慌，一天只做三件事就好

褚士瑩的日常慢哲學

褚士瑩 著

真正「重要」的事情若只有三件，
你的三件事是哪三件？——

褚士瑩

【推薦①】

按部就班，你也是褚士瑩

燦爛時光東南亞主題書店負責人
高中同學（附中638班）／張正

我和妻子是這三個地方的主顧：一兩個禮拜去一次的推拿店，一兩個月去一次的理髮廳，半年去一次的牙醫。這三處有個共通點：都必須預約。

最初我真不習慣。我剛好有空、剛好路過，我也願意付費不殺價，為什麼不收我這個客人呢？

以推拿店為例。推拿店在我搭公車回家的必經路線，之前從公車上透過落地玻璃窗看進去，店裡總是門可羅雀，我還替他們擔心這樣怎麼維持啊？

有回得空，我和妻子興沖沖去了。

推門入內，靠牆的幾張腳底按摩座椅空著，後方兩張圍著簾幕的全身推拿床。簾幕裡，兩位師傅正在分別替客人服務。

其中一位師傅探出頭來：「請問有預約嗎？」

「沒有吔，不過我們可以等。」

「不好意思唷！今天全滿了。」

我不懂，沒看到有人在等呀！

「明天呢？」

「明天也滿了，不好意思，我們這裡是預約制。」

牆上的價目表也就一般價格而已，怎麼搞得像神祕高檔俱樂部？但是住家附近沒別的選擇（原本常去的推拿店結束營業），我們沒骨氣，終於還是預約了。

等我們成為固定客人之後，才摸清楚他們的營運模式。

每一位客人都是預約的，而且一個接一個，下一位客人會在前一個客人結束之前五分鐘左右，依約抵達。三位推拿師傅從下午兩點到晚上十點（後來知道還有一位女師傅在二樓），一位接著一位服務，完全沒空檔、不休息，甚至不吃飯。

這樣的好處是，師傅和客人熟識，能對症下「手」。師傅也能將有限的時間，發揮最大效益，更不會閒閒沒事在店裡滑手機。

讀完褚士瑩的新書，我發覺我的推拿師傅、理髮廳設計師、牙醫診所醫師，他們都在實踐褚士瑩所說的「別慌，一天只做三件事」。

◆

最近忙嗎？忙什麼呢？是真忙還是「裝忙」？如果拿掉一兩件事可以嗎？其實可以的。我們常常一恍神，就陷入盲目的忙碌中，不斷滑著手機搜尋沒啥新意的訊息，不小心接下不適當不必要的工作，不好意思婉拒不想參加的聚會。

袁瓊瓊作詞、張艾嘉多年前的歌曲〈忙與盲〉，時至今日仍是很好的提醒：

忙是為了自己的理想
還是為了不讓別人失望？
盲（忙）得已經沒有主張
盲（忙）得已經失去方向

在二〇二二年的疫情期間，褚士瑩一年內搭了五十幾次飛機，在世界各地教課、演講、潛水、健身（當然還有不能透露的特務工作），在臉書上曬好料、秀美景、和臉友哈拉，還同時寫好幾個專欄、固定一年出兩本書。

而他即將出版的這本《別慌，一天只做三件事》，主張卻是「慢」和「少」。這樣科學嗎？這還有天理嗎？（臉友說：這個人，言行不一。）祕訣是紀律與專注，不要貪多。即使一天只做三件事（或者更少），但要記得放慢呼吸、按部就班，每一件事都務必從容不迫專心盡力。看似推掉了一些機會、一些可能，但是長時間累積下來，其實能做的更多，而且品質更好。想到村上春樹的小說《舞・舞・舞》。不論世界如何紛亂，你要踩穩自己的舞步和節奏。

關於張正

中文人。現為燦爛時光東南亞主題書店負責人、「帶一本自己看不懂的書回台灣」發起人、文化部東南亞事務諮詢委員。曾任中央廣播電台總台長、移民工文學獎召集人、台北當代藝術館《非遊記（Unaccounted Travelogue）》協同策展人、一起夢想公益協會秘書長、「外婆橋計畫」發起人、電視節目《唱四方》製作人、中廣越來越幸福主持人、四方報總編輯、台灣立報副總編輯、行政院新住民事務協調會報委員。著有《外婆家有事：台灣人必修的東南亞學分》。

【推薦②】

用一種慢板的方式，重新感覺生活的模樣

專欄作家‧《空中荃運會》主持人／曾荃鈺

褚士瑩是個勤耕的觀察家，更是哲學思考的信徒。

在每天新聞量超載，訊息支離破碎的現代社會，如果無法慢下來先理解訊息背後的邏輯，向關鍵的核心提問，這些未經思考的資訊，只會跟世界衝突，對提升生活品質其實沒有幫助。

有幸受大田出版邀請，為遠在緬甸（或正蹲在世界某個角落吃芒果）的褚士瑩寫推薦序，他的生活令我嚮往。遊歷世界後他注意到，為何自己總有忙不完的事？難道每天比別人多做三倍的事情，就能擁有三倍豐盛的人生嗎？高效率、忙碌、快速真的令自己感到光榮嗎？

這本書《別慌，一天只做三件事就好》，褚士瑩以自己的生活當實驗，發現一天只做三件事，讓他慎選有價值的工作，看似工作量與收入變少，但他自己也沒餓著，反倒能閒懶舒適地，拾起過去散落一地的魂魄，重新讓靈魂追上身體，體驗完整的自己。

別再過湊熱鬧的生活，放鬆慢下來保持敏感

三十歲前的我，在都市工作，大樓人口稠密，彼此關係冷漠，人與人間的感覺早已麻痺，陌生人見面不打招呼；每月往返兩岸當空中飛人，拚高鐵上車時剛好關門，急匆匆拎著快餐盒，邊吃飯邊用手機排行程，網站分頁總是二十個，旅行、運動還要陪伴家人。但是，是誰讓我變得那麼忙？那麼忙的我，究竟要去哪裡？

可能來自過去升學與工作壓力，腦中總有聲音對我說：「浪費時間就是浪費金錢。」快步調的切換，卻讓我對生活的趣味感大大降低，疫情來襲加上生了一場大病，終於把我打醒。其實，我可以用一種慢板的方式，重新感覺生活的模樣。

面對忙碌、理性經營生活的現代人，在優勝劣敗的競爭環境下，不斷向外征服，生怕自己淪為失敗者，至於生命的品質、感受跟思考，則不斷被打壓到一旁，等到「有空再說」。不過，早在一百四十多年前，尼采就說：「緩慢，或是慢板（lento）的生活方式，已經不僅成為我的習慣，也成了我的品味。」我猜，尼采可不想成為韋伯口中那種「沒有精神的專業人，沒有心的享樂人。」這種無法感受趣味的人，大多是因忙亂，內心焦躁，不空不靈，而要能達到心境上的空靈，確實需要褚士瑩書中的「慢哲學」來滋養。

如何慢？只做三件事，其他時候去享受無用的事情吧

《別慌，一天只做三件事就好》光書名就具體說明，只做三件事，其實更是反向強調，人活著的第一要務是生活，而工作跟讀書，只能算是第二件事，因此慢下來，確實是改變的第一個功課。慢，才能挪出空間，保留餘裕，花時間在自己喜歡但無用的事情上，當你每天都被行程塞滿，是不可能有時間創造跟享受閒懶的。

我覺得褚士瑩確實是位精神生活富足，也是無聊得起的人，他像莊子一樣對看似無用的知識依然好奇追求。換句話說，當一個人可以每天把三件自認為重要的事，不慌不忙地做好，是不是就更能去享受那無用，或暫時看不出來有什麼用的事情，而不會有罪惡感？畢竟改變並決定我們人生命運的事情，大多都是那些看似沒用的事。

這本書詳實記錄褚士瑩在塞席爾群島時，從潛水中重新學習呼吸，體會到慢吸、慢吐的放鬆呼吸法，覺察自己的身體，好好活著；從美國手工烘焙大師丹尼爾・立德成為麵包師的養成故事中，了解匠人的生活、道德承諾跟同伴關係；也從超過海拔八千八百公尺珠峰登頂者，和那些曾「走到一半的人」，在他們對自然謙卑敬畏的態度中，體會出對失敗的接納與勇氣，因成功只是美妙、好運的一瞬，失敗才是真實長久的人生，學習慶祝失敗，才更能有滋有味地活著。這些，都

是褚士瑩在慢下來的餘裕時刻，專注生活時感受到的。

讀完《別慌，一天只做三件事就好》這本書，我在隨身筆記本中寫下「言且慢，心宜善」六個字。歷史太長，壽命太短，一味的征服沒有窮盡，不如暫時讓人生轉到低速檔，在失速前先慢下來。慢哲學，就像是時代的醫生，當頭痛欲裂，眼目昏沉，焦躁不安，靜不下來時，你可以先慢下來；慢慢吃飯，慢慢喝水，慢慢說話，如禪修般做著重複性高的日常小動作，像褚士瑩一樣，活出自己慢板的生活方式。

關於曾荃鈺

天下獨立評論、親子天下翻轉教育專欄作家，台體大兼任講師，兩屆金鐘獎入圍《空中荃運會》節目主持人，中華奧會教育委員，二〇二〇關鍵評論網教育類未來大人物。現職：中華民國運動員生涯規劃發展協會理事長、Podcast節目《空中荃運會》主持人、業餘鐵人三項選手。

【自序】

只要夠慢，一切都會很好

「很多人氣喘吁吁地追逐快樂，
追得如此急迫以至於匆匆錯過了快樂。」
——齊克果（Søren Kierkegaard）

我決定與「快」宣戰

以前，我是一個很擔心自己這輩子沒有活好的人，所以總是做得太多，活得太快。不知道從什麼時候，我開始有了「好」等於「更快」的誤解。

比如我現在使用筆電打字完成這本書，如果要更好，意思就是要打得更快。幾年前我在北京，一個哲學思考教育機構的工作夥伴介紹我認識《極速寫作》這本書的作者，標榜學會了這套方法，一天可以寫出十萬字。

為了打字變得更快，我必須要死背毫無邏輯的「快捷鍵」，就像打電話的時候，為了打得更快，要設置「快速撥號」的功能。

但我顯然不是唯一一個想法充滿貪婪的人。好好散步、走路作為運動不夠，還要「快走」。不能坐下來好好吃飯，我們要開車去得來速點「快餐」。同樣的衣服被人看到穿兩次很丟臉，所以要去買「快時尚」。髒衣服拿到洗衣店當然要「快洗」，布料還要強調「快乾」。紐約市的人嫌瑜伽太慢，因此有工作室專門提供「快速瑜伽」。嫌約會浪費時間的人，特別去參加不停轉台的「快速約會」（speed dating），在最短的時間遇見最多可能的對象。嫌看書、追電視劇、看電影太花時間的人，網路ＡＰＰ上都有「懶人包」，強調用×倍速追劇，×分鐘快速看完、看懂一切。

我記得當時，我禮貌地從作者手上，微笑接過《極速寫作》這本書，然後一臉正經地轉頭問我的工作夥伴：

「可是，為什麼我一天要寫十萬字？」

那一次，也是我最後見到那位作者。但是場面想必挺尷尬。

「他應該也不在乎我怎麼想吧？」我安慰自己，想必他在浪費時間和我見面之後，到現在已經又發憤圖強寫了好幾千萬字。

我想到電影鬼才導演伍迪・艾倫曾開玩笑說：「我參加了一個速讀課程，用二十分鐘讀了《戰爭與和平》，它跟俄國有關。」

那本《極速寫作》到現在還完好地被我放在床邊顯眼的角落，雖然我從來沒有打開來閱讀，而且也沒這個打算，但對我來說，那一天是個重要的轉捩點。從那一天開始，我決定與「快」正式宣戰。

我開始問自己：更「快」真的等於更「好」嗎？「快」除了讓我失去耐心，是不是還讓我失去了什麼？

認養來自北歐的概念

經過思考後，我指認出三個「快」的「重度受災區」：

「舒適」：「快」讓我願意犧牲舒適。但是我並不是為了追求「快」而旅行。比如飛機的快速飛行，讓我忘了火車或公路旅行，每天沒有一定的進度要趕，走到哪裡停到哪裡，是一種多麼舒適的旅行方式。

「適度」：「快」讓我無法掌握分寸。手沖咖啡要好喝，熱水通過慢速濾杯的流速快慢，要在沖泡的過程中不斷細微地調整。但為了追求「快」，我開始依賴義大利濃縮咖啡機瞬間萃取，然後再加熱水，我就喝不到手沖咖啡的美味了。

「趣味」：「快」讓我們變成強調用處的人。速讀是為了要在最短的時間把書讀完，但誰能告訴我為什麼要趕快讀完托爾斯泰一百二十七萬七千字的《戰爭與和平》？速讀如何讓人品味書中人物的痛苦、歡樂和內心思緒的變化呢？

為了要能夠把舒適、適度和趣味找回我的生活中，我必須拋棄班傑明・富蘭克林的名言「時間就是金錢」，重新學習慢下來。

比方說，到緬甸山區的叢林中，開拓一個有機農場，幫助我的生活慢下來。

比方說，到法國孛艮地鄉間，學習哲學諮商，幫助我的腦袋慢下來。

比方說，到海裡去潛水，則幫助我的呼吸跟注意力慢下來。

仔細想想，這二十年來，我好像也只做了這三件事。

還慎重地認養了幾個來自北歐的概念。

首先是來自丹麥的「Hygge」概念，讓自己在任何環境裡，都有變得「舒適」的能力。

然後是瑞典的「Lagom」概念，以「一切都恰如其分、不多也不少」的心態對待生活。

最後是荷蘭的「Niksen」概念，這個字面意思是「無所事事，或毫無用處地做某事」，不用刻意什麼都不做，只要記得沒有目的，四處閒逛，無論是發呆、看看周圍的環境，或聽聽音樂都行。

這既不是身心靈人士強調的「正念」（mindfulness），也不是彼得・魏爾許（Peter Walsh）從斷捨離收納觀點強調的「減法生活」「極簡主義」，如果一定要給一個標籤，能夠比較完整地包含丹麥人的Hygge、瑞典人的Lagom、荷蘭人的Niksen、緬甸的有機農場、法國的哲學諮商、科隆群島的潛水，甚至伍迪・艾倫對速讀的厭惡，最接近的概念，應該是「慢哲學」（slow philosophy）。

不是越快越好，而是越慢越好

「慢哲學」可以追溯到西方哲學的創始時刻，將「愛智慧」重新定位為哲學的唯一正確目的。這種開創性的指導思想，存在於早期的哲學著作中，甚至在我喜愛的蘇格拉底之前，就已經把哲學與日常生活密切地連結在一起。哲學成為一種生活方式，不僅僅是為了產生一套關於正義的知識和想法（像古希臘斯巴達城邦的「立法」），而是需要過著一種古希臘哲人那種公正的生活，充滿意識地活出一段充滿可能性的旅程。

這條細線從古希臘時代，一直持續延續到二十世紀的漢娜・鄂蘭（Hannah Arendt）

理解極權主義政治在輕率和倉促的氣氛中蓬勃發展的方式後，清楚地指出「慢哲學」才是「快政治」的解毒劑。

而「慢思考」正是在這個「慢哲學」底下重要的分支。只要參加過我哲學工作坊的人，想必都在不同的時刻聽到我強調「思考」的原則，「不是越快越好，而是越慢越好。」

慢哲學表現在日常生活中，有各式各樣的應用。

我們看到有二〇〇九年正式發起的「慢藝術」，世界各地的博物館和美術館會在每年四月的其中一天舉辦「慢藝術日」，鼓勵來參觀的民眾，對一幅畫或雕塑慢慢觀察十至十五分鐘，然後討論，而不是快速地通過。

也有人提倡「緩慢老化」（slow ageing），反對商業支持的醫美、醫療抗衰老系統各種侵入性的干預，用有自主權的方式，透過老化讓自己獲得自然生命的擴展。

「慢電影」則時常使用長鏡頭、極簡表演、緩慢或不存在的攝像機移動、非常規使用音樂和稀疏剪輯，來實現對運動和情感的抵抗，以及對現實主義的熱愛。

「慢消費」則是強調一種持久的設計、維修能力以及現代化的選擇，以提倡緩慢的消費，認為我們應該要生活在一個可持續性的、永續的經濟、環境和社會中，許多人聽過Kate Fletcher在二〇〇七年創造的「慢時尚」一詞，對抗快速時尚工業的「大量生產」，正是其中一環。

伍迪・艾倫對速讀的批判，實際上也反映在「慢教育」中。慢速閱讀的概念已經被重新引入教育，例如，被稱為「Lectio」的古希臘慢讀方法，現在被稱為「Lectio Divina」，已經成為一種鼓勵更深入分析和更好地理解正在閱讀的文本的閱讀方式，我在哲學工作坊中也大量使用這個方法。

只要可以慢，就不用快

「蘇格拉底對話」的技巧，其實就是所謂的「慢對話」（Unhurried Conversation），使用一個簡單的過程讓人們輪流發言而不會被打斷。每個人一開始都同意，只有拿著選定物件的人才能說話。一旦演講者說完，他們就會放下物件，表示他們已經說出了他們想說的話。然後其他人拿起物件並輪到他們。每個發言者都可以對前一個發言者所說的部分或全部內容做出回應，或者他們可以將對話引向一個全新的方向，直到全體達成共識為止。

應用在諮商上，就是所謂的「慢諮商」，由 Randy Astramovich 博士和 Wendy Hoskins 博士最早提出，把傳統諮商「晤談」固定四十五分鐘一節的時間緊迫性和壓力拿掉，讓前來尋求諮商者可以減輕壓力，也透過諮商培養出更平衡生活方式的方法。

即使年輕時不斷強調「卡內基訓練」（Dale Carnegie Training）的黑幼龍，到了近年卻拋下軍事化訓練的競爭力，著書強調「慢教養」，給孩子學習的機會，讓孩子學會自己做決定，替自己的決定負責，在學習中成長。

請別誤會，我並不是強調什麼都越慢越好，比如心跳過慢，或是薪水入帳過慢，都會對生活造成問題，不但不會減少壓力，反而會讓壓力上升。但是只要可以慢的，就不用快，比如家長時常抱怨孩子吃飯太慢，背書太慢，動作太慢，其實都不是問題。「一碗飯從中午吃到晚上沒吃完，那晚上就不用特別給孩子另外做飯了，不是很完美嗎？為什麼要把慢變成問題呢？我倒覺得吃飯太快，造成胃食道逆流，才是真正讓人困擾的問題啊！」我常常這樣告訴來進行親子諮商的家長。

不慌不忙的美好生活

「能慢則慢」，也是我給自己的建議。這幾年我給自己定下「一天只做三件事」的生活規則，就是允許每天可以把三件我認為重要的事，不慌不忙地慢慢做好。意味著我每天都有很大的機率能夠感受到三次生活上的成功，而不是生活在被現實追趕的挫敗感之中。

慢下來，我才能跟自己在一起，不會讓我的靈魂和影子追不上我的身體。

慢下來，我才能記得每分鐘好好呼吸十五次。

慢下來，我才能成為身邊的人真正的夥伴。

雖然我對這個世界沒什麼用，但是我不擔心，因為我知道自己是一個有能力的人。

畢竟人生就像一個福袋，不可能也不需要去控制。

只要可以選擇接受的時候，就不要選擇戰鬥。

我慢慢看懂了美好的生活是由什麼構成的。

我也知道了「愛」原來只是一組為了打開門的密碼，本身沒那麼重要，門後的真實世界才是重點。

要面對世界，比「愛」更重要的，是「溫柔」。而溫柔會隨著老化自然而來，所以沒什麼好著急的。

我也學會怎麼為自己的人生定價，所以不會做出賤賣時間，或是出賣靈魂的傻事。

到頭來，人生這杯手沖咖啡，其實沒什麼祕訣。只要夠慢，就會美味；只要夠慢，一切都會很好。

目錄 CONTENTS

塞席爾群島的一日三事

焦慮不是來自於想到未來，
而是來自於想要控制未來。

魚比人還多的國度，潛水者的天堂

期待了好幾年，我終於去了塞席爾（Seychelles）群島，一個魚比人還要多的國家。

塞席爾是個位於非洲東南、馬達加斯加島北方一千多公里處的西印度洋島嶼國家，人口不到十萬人，要不是因為到了這裡，我可能一輩子也不會在世界上任何地方，遇見一位真正的塞席爾人。

塞席爾人顯然知道自己是「稀有動物」，也以自己的國家為榮，到處都看得到獨特的國旗，他們確實也有充足的理由覺得光榮，因為這個在大海當中靠海為生的小國，竟然可以成為全非洲人均所得GDP最高、也最安全的國家。這面由五種鮮豔的顏色呈放射狀排列的國旗，由象徵海洋的藍色、象徵太陽的黃色、象徵人民及人們在愛與團結中奮鬥的心的紅色、象徵社會正義與和諧的白色、象徵土地與自然的綠色共同組成的旗幟，在島上的半個月，這面原本我從來沒見過的旗幟，突然變得像老朋友那樣熟悉。

我之所以會千里迢迢到這個東非外海默默無聞的小島，其實是因為久聞這裡是個潛水者的天堂，而我喜歡潛水，所以抱著朝聖的心情而來。不用說，作為一個熱愛海洋的潛水員，既然來了這個被稱作世界十大知名潛水點之一的地區，每天最重要的事情，當然就是潛水。

至於朋友抱著羨慕的目光，強調這是歐洲貴族鍾愛的度假勝地，英國威廉王子跟凱特王妃的蜜月島、比爾・蓋茲的私人別墅什麼的，對我來說就像餵豬吃珍珠一樣。

我來塞席爾就是要潛水！

我住宿的地點在馬埃（Mahé）島人煙稀少的西南部，一個叫做「芒果之家」的旅館，是一棟義大利建築師的老宅改建的，連桌子都是芒果形狀。

首都城市維多利亞（Victoria）在島嶼東北方，而芒果之家在安靜的島嶼之南，這裡晚上沒有路燈，入夜後就只有滿天星斗和夜行性野生動物活動的聲音。每天早上陽光在海平面升起，有時細雨濛濛。頭幾天我都在島的南方海域潛水，但是季風一起，風向便改變，南方風浪變大。

「這風要多久才會停呢？」

「要五個月吧！」酷似巴布・馬利（Bob Marley）的潛水嚮導聳聳肩。

「什麼！」忽然，潛水季節就結束了。

最期待的潛水時刻

還好，島的北方因為地形的關係，一年到頭都可以潛水，唯一的問題是芒果之家距離潛水中心地點，有相當的距離，必須要繞大半個島，開陡峭的山路經過國家公園才能抵達。而且大多數的路段都只容一台車經過，在山路會車的時候需要相當好的開車技術，還有彼此謙讓等待的耐心，光是開車到集合地點的時間，就要一個小時以上。這也是為什麼我每天早上必須設定鬧鐘在六點的原因，我會坐在陽台面對著海洋，一面喝著來自當地有芒果香味的黑咖啡，慢慢醒來，一面看著夕陽從山的背後冉冉升起，喝完咖啡後，清點準備所有的潛水裝備，吃一點早餐後出發，開蜿蜒的山路到島的另一頭，正好可以趕上八點半的集合時間。有時候抵達的時間已經將近九點鐘，負責潛水中心的荷蘭女士也不介意，因為她知道我一定會在潛水船出發之前抵達，而且我裝備齊全，不需要她操心。

就像很多島嶼的潛水慣例，每天早上出發的潛水船，會先移動比較長的距離，到比較遠、挑戰度也比較高的潛水地點，進行第一潛。潛水員都完成潛水回到船上以後，中間為了安全因素，至少間隔一個小時，才能進行第二潛，會趁這個空檔，移動到難度比較低，或是水域比較淺、也比較靠近岸上基地的潛水點。船長會拿出保溫瓶，他的妻子事先準備好的熱紅茶讓大家喝著取暖，那是我第一次喝到塞席爾島上茶園栽種的紅茶，是跟香草莢一起烘焙的，泡茶的時候加了很多島嶼自己種植的蔗糖。那味道讓我聯想到小時候在南台灣的高雄，時常跟大麥、決明子、糖粉一起炒製的紅茶，極為相似；加上塞席爾的植被生態，跟南台灣海濱非常相像，有種回到了童年的錯覺，也成了兩次潛水之間最讓我期待的片刻。

是什麼環節讓我焦慮？

跟世界上大多有名的潛水點不同，塞席爾的海底不是由珊瑚礁組成，而是巨大的花崗岩地形，對潛水來說是個相當獨特的經驗。運氣好的時候，水中的可見度高達水下三十米，水溫也差不多維持在攝氏二十九度左右。所以到達水深四十米的Aldebaran看見沉沒在海底的日本漁船，和跟我身體一般大的蝙蝠鯧，一起緩緩下潛到繞著沉船桅杆、數以萬計的黃色四線笛鯛之間，我被密密麻麻包圍著，到了甚至看不見身邊搭檔的程度，還有成群的巨大燕魟像大雁般遨遊，讓我一整個大感動。但是下一個小時，天候卻瞬息萬變，風浪變得很大，海流強烈，能見度也只剩下不到眼前兩米。即便如此，也是沒有辦法的事，這就是自然，而面對自然的時候，我總是用同樣的原則面對，那就是抱持著「敬畏」和「接受」的態度，而不是自大地試圖去「征服」自然。

通常兩只氣瓶的潛水，會在下午一點半左右結束，回到岸上。

即使我人在旅行的時候，每天仍然都有一場到兩場由我帶領的線上哲學工作坊。這幾年來，由於工作型態的改變，大多數的工作都可以透過網路進行。無論我人在世界的哪一個角落，都要預先計算好時差，也要確認網路的順暢，才能順利進行日常的工作。

由於位在東非外海的塞席爾群島，和北京、台北都有著四個小時的時差，對我的工作時間來說，這簡直是太完美的安排了。這意味著每週三天晚上七點開始的哲學工作坊，是塞席爾的下午三點鐘、而每週四天晚上八點開始的工作坊，則是塞席爾時間下午四點。原本在馬埃島南方潛水的我，上岸後剛好有足夠的時間清洗我的潛水裝備，把身上的鹽分沖掉，還可以在沿路山坡頂一家叫做「三朵玫瑰花」（3 Roses）的胖卡餐車小店稍停留，我會選擇米飯或薯條，搭配兩個菜，其中一樣通常是塞席爾傳統的章魚咖哩或螃蟹咖哩，另外一樣可能是風乾的紅鯛魚，也可能是鹽烤的鱸魚。對於喜歡吃海鮮的我來說，塞席爾的路邊料理是很完美的，反正島上除了雞之外，沒有飼養動物，所以基本上不大會吃到肉類。另外，我希望每天的日常生活能夠盡量環保，每天會隨身帶著自己準備的飯盒，請老闆裝在我的飯盒裡，米飯的分量也會按照我的食量斟酌減半，確保不會造成食物的浪費。另外一個飯盒則會裝甜點，有時候是焦糖布丁，有時候是裡面抹了果醬的甜甜圈，完全看當天老闆做了什麼。這是一個沒有菜單，也沒有任何造作的純樸島國，我覺得這樣很好。

但自從必須到馬埃島的東北角才能潛水，每次上岸後，就意味著必須多花一個多小時才能回到島上西南角的旅館。

經過了兩三天之後，我發現下午四點的線上課還好，但是如果當天有下午三點開始的線上課，會讓我上午的潛水變得焦慮。

因為開車至少要一小時的時間，所以每到下午一點半，如果潛水船還沒有靠岸的時候，我就會開始緊張，擔心時間不夠。

即使一點半前準時靠岸，一面在清洗潛水用具的時候，也會忍不住開始產生焦慮。因為我又想仔細地清洗乾淨，確認裝備沒有殘留沙粒或是鹽分，又想趕快上路離開，以免在路上被接送孩子放學的家長堵在狹窄的山路上。

洗完潛水裝備上路，我並沒有覺得放鬆，反而開始新的憂慮。因為我擔心會不會在半路上，突然像前兩天那樣遇到前方車子引擎突然自燃的交通事故，造成唯一的聯通道路封閉，或是其他的意外。

雖然潛水上岸之後，肚子餓得嘰哩咕嚕叫，但我擔心萬一停下來買飯盒，會不會耽誤了路程？買了飯盒，會不會沒有時間吃？回到住宿的地方，停車場在山坡底下，我還要步行走回山坡最頂上的住處，會不會因此趕不及？

萬一回到房間，才發現無線網路突然不通的話，是不是有足夠的時間，立刻改用手機漫遊上網應變？

調整好做下一件事的狀態

每一堂哲學工作坊，通常我都會布置課前作業，讓參加者在上課之前，先針對主題思考，從每一個人的課前作業中，我就可以了解參加者的思考狀態。可是如果只能勉強趕在上課前五分鐘慌亂衝回書房，意味著我根本沒有時間閱讀參加者的課前作業，沒有辦法充分掌握每一個參與者獨特的思路。

這種種的焦慮，與我潛水時在深水之下專注呼吸的狀態，有著天壤之別。我並不喜歡自己那種慌亂、憂慮的狀態，覺察到這點之後，我做了一個決定：如果當天下午的線上課是塞席爾時間三點開始的，那天就不潛水，如果是四點開始的話，才可以潛水。

「差一個小時，有差這麼多嗎？」或許有人會這麼說。

我知道應該是可以趕在最後一刻準時上線的，而且如果因為種種原因，沒有辦法準時上線的話，也有三位常態配置的助教可以協助我先進行一開始的討論。雖然如此，我仍然寧可在一個小時之前，調整好做下一件事的最佳狀態。意思就是，在開始正式工作的一個小時之前，我可以喝咖啡、散個步，或是做點別的事情。但不能是會將我帶離那個最適狀態的事。比如回覆郵件、上網看無關的新聞或視頻，或是整理文件，就會形成太大的干擾，開車在隨時可能出現狀況的陌生國度山路上趕路，就更不用說了。但在陽台上喝咖啡或洗洗碗盤這種事卻不會造成干擾，因為我的思考狀態不會被這些彷彿禪修般重複性高的小動作影響。

就這樣，我在塞席爾群島的旅行，出現了新的規律。

一個禮拜四天潛水，因為這四天都是下午四點鐘開始線上工作，我會在下午三點前悠閒地結束午餐，回到房間，有足夠的時間備課。就像我在哲學思考的教師培訓課上，常常提醒老師的，我也用同樣的話來提醒自己：「作為老師，最好的備課，就是準備好自己。」

至於另外三天，因為下午三點鐘要開始工作，我可以允許自己不設定鬧鐘，奢侈地睡到自然醒，奢侈地慢慢喝咖啡，慢慢吃早餐，然後找一條登山步道、一個沒有去過的海灘，或是什麼都不做，在住處的沙灘上，躺在吊床看書。但無論如何，都會在下午兩點以前回到房間，給自己在工作以前有完整一個小時的時間，沉靜下來，調整自己到最合適的狀態。所以從上線登入的那一分鐘開始，我就是準備好的狀態。

「那不是很可惜嗎？」或許有人會說。

只做三件事，會不會很「浪費」？

雖然我來到塞席爾的目的是潛水，但應該要能夠取捨，才是對自己負責的表現。我的選擇，是在開始工作之前，至少有一個小時的餘裕，讓自己保持在最平靜的狀態；而不是很緊湊地想方設法，把時間抓得剛剛好，只是因為難得到世界盡頭來旅行，貪婪地想要在最短的時間之內，完成每一件想做的事。

我意識到雖然潛水是我想做的事，線上哲學工作坊也是我想做的事，我很幸運，可以同時擁有兩件我喜歡的事，但是如果我只有足夠的能力把其中一件事做好，那就好好做其中一件吧！反正都是我喜歡做、想做的事，喜歡的事情永遠做不夠、也永遠做不完，只要是喜歡的事，無論做哪一件，都是很棒的事，沒有全部做到，一點都不可惜。真正可惜的是，如果原本兩件喜歡的事情，都因為沉浸在焦慮之中而沒辦法全心享受，不能用自己的步調、帶著微笑去做，甚至把喜歡的事變成了壓力源，變得不喜歡了，那反而成了對自己最大的懲罰。

我給自己有個不成文的規定，那就是一天只做三件事。

這意味著在塞席爾的一天，如果上午潛水或是做點別的事，下午線上工作，也就是說晚上我還有一個「配額」，可以挑一件特別想做的事情來做。比如鼓起勇氣到Auberge Chez Plume餐廳，特地去嘗試一次，即使是塞席爾島民，也只有在傳統婚宴才吃得到的「水果蝙蝠肉醬」；或是夜晚就著月光，到野生芒果樹林裡去尋找馬達加斯加島原生種的無尾刺蝟（tenrec）；或是去無人的海灘游泳、上健身房進行重訓，甚至只是留在房裡好好地享受泡泡浴。每個晚上我都會在這些我想要做的事當中，好好地挑選一個，並且好好地享受。

雖然我在塞席爾的每一天，都只做三件事，好像很「浪費」，但這每天的三件事，都是我想做、喜歡做的事。知道自己每天都做了三件為自己而活的事，讓我感受到滿滿的幸福，幸福到自己都會起雞皮疙瘩的地步。

兩個星期過去，我的身心都得到了充分的滿足，不但得到美好的休息，也得到了許多一輩子難得的新體驗，無論是在水下四十公尺，在濃密的原始森林裡，還是在舌尖上的味蕾。作為一個從學生時代就揹著背包走遍世界旅行的我來說，終於找到了完美的旅行方式。我很難想像，那些喜歡將旅行的行程，安排得很緊湊，所有網美打卡的地點都要走馬看花去過一輪，才覺得「划算」的人，旅行如此匆忙，如何有足夠的機會，打開每一個毛細孔，去感受旅行的日常、活著的快樂？

再想得更深入一些，我認為我「一天只做三件事」的旅行原則，不只是完美的旅行方式，其實是完美的生活方式。畢竟人生就是一場旅行，我發現即使不在旅行的時候，如果遵循著同樣的規則生活，日常生活的每一天，也會變成一場很棒的小旅行。

13個白芝麻貝果

Urgency varies inversely with importance.

（緊急與重要成反比。）——莫非定律

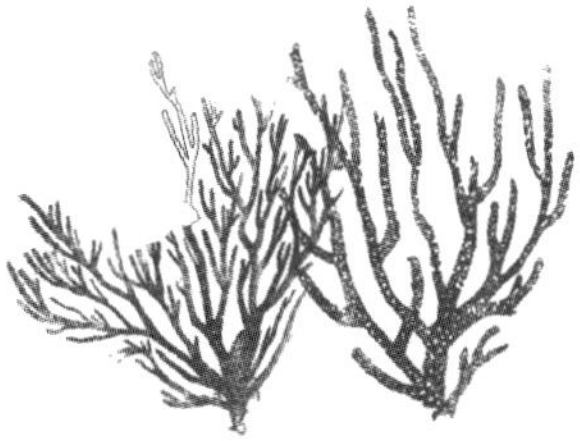

「緊急」的事，往往不怎麼重要？

從塞席爾群島離開以後，我似乎又捲入了忙碌的現實生活之中，每天有忙不完的事情。待辦事項的清單一項一項被劃掉的同時，我發現待辦事項就像無性繁殖的癌細胞般，會自己從傷口中長出來，而且越變越多，直到失去控制。

是的，我用「傷口」這個詞，因為我每天忙著做的，似乎生活日常就是不停地止血，再多的時間，也只夠我匆匆忙忙壓住各種傷口，勉強不要讓傷勢繼續擴大，不要發炎、不要感染、不要疼痛。我不知道為什麼會流血，也不知道該怎麼徹底治療，雖然這些才是真正重要的，但我總是在做「緊急」的事，而不是做「重要」的事。

為什麼在塞席爾度假的時候，我可以只做「重要」的事，但是回到城市中生活，卻總是在做「緊急」的事？難道這真的就是「度假」跟「生活」之間的差別嗎？

我跟身邊一些朋友說到這種奇怪的現象，然後發現，其實不是只有我這樣。實際上，只要是成年人，似乎都跟我有同樣的感受。

但是對人生真正有用的，究竟是那些重要的事，還是那些緊急的事？

人生重要的事，其實說來說去應該就是那幾樣，比如要活下去。不，不能只是活著，還要有意義地活著。自己如果能做到，幫助自己愛的人、關心的人也能有意義地活著，也很重要。但是我真的有時間做那些幫助我跟別人活得有意義的事嗎？還是我成天都在做那些緊急但是不重要的事？

緊急的事，往往不怎麼重要，卻會像無限增生的癌細胞，做得越多，就會變得越多。比如每個星期二，我的行事曆上，都會提醒我要買貝果。

事情是這樣的，我在波士頓海邊居住的鎮上，有一家麵包烘焙坊，這家烘焙坊每週二有固定的促銷活動，就是每週只有這一天，買一打貝果，只要美金七・九九元。而且這一打不是正常的十二個一打，而是十三個一打，英文中稱之為「baker's dozen」（烘焙師的一打）；起源是舊時代的英國，烘焙師怕奧客覺得自己的麵包偷斤減兩，招來一頓莫名其妙的毒打，為了保險起見，乾脆多放一個，以策生命安全，甚至還有放十四個的，可見烘焙師是個多麼危險的職業。關於烘焙師的故事，之後章節會說得更多，在這裡就不多說了。

對美國日常生活熟悉的讀者應該都知道，通常在美國的麵包店，一個貝果按照不同的口味，價格會有些許不同，加稅之後一個在二美元到四美元之間。也就是買十三個貝果就要花三十到五十美元，但如果在週二這一天買了十三個，我一整個星期的早餐貝果就綽綽有餘了，而且只要不到四分之一的價格，多麼划算！

但自從發現這個促銷活動之後，我的每個星期二早晨就充滿了壓力。因為這項促銷特價，限定只能在網上購買，然後店內取貨。開始開放線上購買的時間，則是店家開門營業的時間，也就是一大清早七點鐘，有點像是歌迷要在線上搶音樂會的票，要想辦法搶到自己喜歡的位置。只要自己喜歡的口味，或是貝果全部賣完，當天不會再補，我就只能到店內單買，或是等下一個星期二。

對我來說早起並不是問題。每星期二的早晨，我固定會帶領中國的線上教師培訓工作坊，因為時差的關係，中國傍晚七點開始的上課時間，是波士頓的清早，所以貪睡的我就不得不早起。

但有點複雜的是，由於美國採用日光節約時間，準時下課的話，冬季時會在波士頓的早上八點結束，但在夏季，結束的時候已經早上九點了，加上參加過我線上工作坊的學員都很清楚，只要還有一個人沒搞懂，即使意味著延長一個鐘頭的下課時間，我也會全心全力奉陪。這樣的話，等我終於可以上線訂購貝果的時候，都已經上午十點多了。所以每年有一半的時候，要不是買不到我喜歡的貝果口味，就是根本買不到。

決心按下刪除鍵嗎？

我也注意到，因為腦子裡一直惦記著這件事，所以每週二的課，我特別難以專注，學生偶爾也會感覺到我的不耐煩。當然我從來沒有提過讓我週二工作表現不佳的真正原因，竟然只是為了一袋便宜的特價貝果。

從塞席爾群島潛水回來以後，我那個週二果然又沒買到我喜歡的義大利艾斯亞格（Asiago）起司口味的貝果。一面充滿懊惱地吃著我不喜歡的白芝麻貝果，一面問自己：「每週二早上心神不寧地匆匆結束工作，只為了買十三個特價的義大利艾斯亞格起司口味的貝果，真的有那麼重要嗎？」

一開始，我試著告訴自己，「當然很重要！」

「為什麼？」我開始問自己。

「價錢差很多吔！」

「你一週的生活費，有差那二十美金嗎？」我又問自己。

「沒有。只是喜歡『賺到』的感覺。」我聽到自己回答。

「可是勉強買了不喜歡的白芝麻口味，有賺到嗎？」

「沒有！」我聽見正在皺著眉頭吃白芝麻貝果的自己說，「我從小最討厭吃白芝麻了！吃白芝麻貝果的時候，都會想到小時候吃芝麻開口笑，吃到想吐！」

「一整個禮拜必須連續吃完十三個白芝麻貝果，聽起來更像是懲罰，不是嗎？」

「絕對是這樣！害我每天早上一想到早餐又要吃噁心的白芝麻貝果，就心情很不爽！這種不爽還會延續，讓我一整天都很煩躁。」我一怒之下，把那個手上吃了一半的貝果，扔進垃圾桶裡。

「那你為什麼還要這麼做呢？而且還每個禮拜處心積慮地重複做，這不是很瘋狂嗎？」

「好像是吼……我也不知道怎麼會變成這樣的。」

「所以你可以把這個每週二買特價貝果，從你行事曆的待辦事項上刪除嗎？」

說真的，我還真的猶豫了十幾分鐘，才終於在電腦的行事曆上，按下了刪除鍵。好像刪除了一個舊情人的電話，明明知道老死不相往來才是理性的，藕斷絲連我的生命就永遠無法大步往前，卻有種捨不得的感覺，好像一部分的自己，也跟著被刪除了。

但奇妙的是，刪除了「買貝果」這個待辦事項以後的我，再也不為週二早晨的貝果煩惱了。更具體來說，我再也不用為貝果煩惱，因為我早上根本不一定想要吃貝果啊！長期以來我之所以每天早上吃貝果，都是因為已經買了十三個，不趕快吃完不行，否則下一個星期二又要到來；週二早上不趕快下課不行，不然買不到。說來荒唐，買貝果、吃貝果，不知不覺變成了一個固定的壓力來源，但是我卻完全沒有覺察。

「我的習慣」一點一點侵蝕了我？

停止買貝果之後，我更驚訝地發現，我其實根本就沒有特別喜歡吃貝果！學生時代之所以開始吃貝果，只是因為沒時間又沒錢，貝果在美國很方便又很便宜。但是現在的我，距離學生生活已經這麼久了，手頭也沒那麼拮据，為什麼還繼續地買貝果、吃貝果呢？現在想想，「習慣」真是一件瘋狂的事。

我的「習慣」到底是怎麼來的？

我的習慣並不是「我」，而是習慣經由時間的累積，一點一滴地侵蝕了我。

仔細想了很久，我慢慢地發現，生性什麼都慢半拍的我，自從上小學的那一天，每天一醒來就開始處理「緊急」的事情，而不是做真的「重要」的事情。

每天早上起床，就要急著寫前一晚還沒完成的家庭作業，急著趕要交的無聊日記，胡亂趕工完成美術課的黏土作業，急著吃早餐，急著出門上學，以免遲到被罰。出門以後在路上又急著讀晨間小考的內容，怕考不及格，又因為忘記拿體育服，急急忙忙折返回家，或是體育服拿了，但是忘了帶飯盒、忘了帶彩色筆、忘了帶圓規，忘了這個忘了那個，然後還是遲到了，然後小考還是不及格。

現在回頭想想，我的學生時代，從早開始就被許許多多不重要的事情填滿，而「滅火」真的是我從小養成的壞習慣。

也是在這幾年，我開始對教師們進行培訓以後，才開始反思：為什麼要有那麼多無聊的抄寫作業？學習不是比較重要嗎？

「我」的日記為什麼要寫給老師批改、甚至評分？日記並不是作文啊！而且為什麼給自己看的日記要有正能量？如實的悲觀到底招誰惹誰了？

還有，為什麼要一個成長中的孩子揹那麼重的書包、那麼早去學校，然後待到那麼晚才回家，整天都疲倦不堪，睡飽不是比較重要嗎？

為什麼要一直不停地小考、大考、背書、默寫，成為考試機器？老師不是一直說考試的目的是為了讓自己知道哪裡不懂嗎？如果是真的，為什麼老師還要教我們如何猜題，還規定不會寫的也不能留空白？

這樣想來，我根本是在反覆做著「緊急但不重要」的事情中長大的，因為緊急的事情實在太多了，根本沒有時間做重要的事情。比如長大了才發現自己只會背誦知識，不會思考。長大了才發現不用讀書考試以後，不會拿捏人際關係、不會談戀愛，不知道怎麼面對親人的死亡，甚至不知道為什麼要唸那麼多書，不知道為什麼生活需要講求效率。

我開始發現：如果真正「有用」的事，是「重要」的事，而不是「緊急」的事，那我以前都活錯了！

在塞席爾群島時，我意識到那樣的活法才是對的。因為我在度假的時候，每天都會堅持只做對我的生命「重要」的事。在塞席爾的一天之中，無論做多少件事，真正攤在紙上一件件分析，基本上大概也只有三件事是真正「有用」的，其他大多數完成的事，可能都跟我的十三個白芝麻貝果一樣荒謬。

我必須沉靜思考：對於我的生命真正重要的，究竟是哪三件事？

第一件重要的事：跟自己在一起

你來這裡只是短暫的造訪。
別匆忙，別著急。記得要聞沿途的花香。

——沃爾特・哈根 Walter Hagen
（二十世紀高爾夫球代表人物）

一直想著還沒發生的下一件事……

當我離開塞席爾群島的時候，經由卡達飛到英國倫敦。下機的時候，空橋的牆壁上貼著HSBC滙豐銀行的最新系列海報，海報的標題上寫著：

Today's Plan: Tomorrow.

今天的計畫：明天。

我可以理解作為一家銀行，這個廣告想要訴求的重點，就是早一步規劃未來。但我還是忍不住打了一個哆嗦，不是因為空橋的冷氣太強，而是突然想起那種無法安然活在「今天」，必須活在「明天」才能安心的感覺。

我也曾經像八爪章魚那樣，把每一天都當作遊樂場的跳舞機，一旦開始就不能停下來，而且速度會變得越來越快，要做的事情越來越多，直到每天精疲力盡的Game Over為止。

不只要想著現在，還要想著下一步會出現的挑戰，過關、打怪、卡關、升級、高速運轉，永無止境。

我不允許自己活在當下，彷彿那是一種怠惰。永遠想要做得更多，眼睛總是看著未來。

看電影的時候，我會想著等一下要去哪裡吃飯。

吃飯的時候，想著結帳以後去哪裡喝咖啡。

喝咖啡的時候，想著等一下要走哪一條路線回家才不會塞車。

在路上的時候，已經想著回到家之前，要先繞去便利商店領物流到貨的網購商品。

回家以後，還來不及為自己煮一杯茶，就要先打電話聯絡幾個人，然後有哪些事情必須趕快處理。

我必須把握時間，不可以浪費時間，因為從小我就相信了大人說「時間就是金錢」，還有課本上說的「一寸光陰一寸金」，國中教育會考寫作題目說的「多做多得」。

「浪費時間」「偷懶」簡直就是罪大惡極的標籤。

換句話說，作為一個積極、上進的人，我早就養成了「總在想著還沒有發生的下一件事」的習慣。

效率是成功者的光榮證據？

在別人眼中，我是個超級有效率的人，因為在NGO組織全職的工作之外，還發展出好幾種不同的斜槓；要看很多想看的書，上很多想學習的課程，跟人生各階段的許多朋友繼續保持吃喝玩樂的交集，去不同的地方旅行，保持運動的習慣，同時盡到陪伴家人的責任，每年還要維持出版兩本新書的進度。很多人對於我的行動力感到訝異，而我將這些訝異，當成一種最大的讚美，彷彿每天比一般人多做了三倍的事情，就能夠擁有三倍豐盛的人生。

因為熱衷於工作，我的經紀人也樂於將我的時間填滿，畢竟工作安排得越多，收入也越多，「何必跟錢過意不去呢？」

但我慢慢地發現，其實沒有辦法花時間專注在任何一件事情上。我時常掉手機，遺忘錢包，出門沒帶鑰匙以至於必須半夜急call鎖匠開門，幾乎每星期都至少有一次將購票時的信用卡遺留在售票機裡，永遠搞不清楚自己密密麻麻的行事曆，不知道今天是幾月幾日星期幾，是不是今天不小心又放了誰鴿子，有沒有錯過了什麼工作的死線，造成夥伴的困擾，還是又忘了截稿日期，讓編輯無法下班。時常不記得自己電話號碼的人，銀行提款卡的密碼就更別說了，有時一整天忘記吃飯，甚至半夜在飯店醒來的時候，不知道自己在哪一個國家、哪一個城市。

我活在一種錯覺中，以為這就是「成功者」應該要有的生活，甚至對於自己的混亂，還覺得有點光榮，彷彿這些都是成功的證據。

直到有一年，我結束在上海的工作，匆忙地搬家打包裝箱，搬回美國波士頓，只有一個隨身的小行李，別的什麼都沒有，又立刻馬不停蹄地忙碌著。可是過了兩三個月，有一天才突然想到，那些被我打包裝箱的行李都到哪兒去了呢？我一點印象也沒有，唯一的可能性，就是那一箱箱的行李，在我離開的時候，被我完完全全地遺忘在上海已經退租的房子裡，讓房東當成廢物處理了吧？

我應該試著聯繫房東，但是我這才發現，連房東的名字、長相、房屋仲介的聯絡方式，通通都不記得了。

那一刻，我好像突然從一場很長的睡夢中驚醒了過來。

然後我忍不住開始大笑。

「我」，總是不在場

如果「現在」是一個房間，我總是不在場，人明明還在上海的時候，我的心其實已經在波士頓跳動。如果要找到我，必須到「未來」，才會瞥見我一閃即逝的匆忙影子。但是未來的影子並不是「我」，我到底在哪裡呢？

我，好像不見了。

「這一點也不好笑！」我雖然一面這樣告訴自己，卻止不住笑，因為這實在太荒謬了啊！我只記得打包，卻忘了「搬」，而且已經過了三個月，才想起來好像有這件事。這簡直就像榮格所說的：「往外看的人，做著夢；往內看的人，醒著。」（Who looks outside, dreams; who looks inside, awakes.）成年以來，我似乎一直過著「醒著做夢」的瘋狂錯亂生活。

我開始想要把自己從「未來」找回來，想要把「我」留住，好好地待在現在，好好地跟自己待在一起。

到底發生了什麼事，讓我變得什麼都不記得？

「你太忙了。」

「你從小就忘東忘西，不意外。」我的家人如此安慰我。

但是，我是怎麼從一個可以整個下午躺在榻榻米上看著白雲變化，什麼事都不做的小男孩，變成那麼忙碌的？

是誰讓我變得那麼忙？是社會的滾輪？是對自己的期待？是財務的壓力？

那麼忙的我，要去哪裡？

「我哪裡都沒有要去啊！」我聽到自己這麼回答。

那我到底在急什麼？

那一刻，我決定要改變我的生活。

「活在未來」真的幸福嗎？

「改變」聽起來簡單，其實是一件非常困難的事。

所有學習過基礎物理的人都知道，如果要移動一塊沉重的大石頭，不只需要面對「垂直抗力」（normal force），也就是石頭本身的重量，還要面對「靜止摩擦力」（static friction force），就是石頭跟接觸面的阻力。要改變人生，我就必須從內在產生一股很大的力量，去超越這兩種力量的總和，才會有所「改變」。

如果這聽起來並沒有很困難的話，請容許我提醒你，每年一月一日開始做的「新年新希望」，現在到哪裡去了？不是說好每天要運動一小時的嗎？為什麼一月份的第一個禮拜還沒有結束，就已經找到「今天先休息吧！明天再補兩倍的時間就好了！」的藉口，然後不知不覺就回到了原先的狀態？

因為還有第三種阻力，這種抗拒運動狀態被改變的性質，就是物理學所說的「慣性」（inertia）。物體具有保持原來運動狀態的性質，也是牛頓第一運動定律中的慣性定義。

「活在未來」就是我的慣性，好像我這部肉身機器的原廠設定一樣，就算我勉強自己活在「現在」，但是要不了幾分鐘，又會自然而然地從「當下」消失到「未來」。我知道不只我如此，慢慢發現身邊許多人的家庭教育、學校教育、社會教育、國家教育政策、文化，也都強調「未來比現在更重要」的概念。只要在中文環境下長大的人，沒有不知道「居安思危」「未雨綢繆」「有備無患」「防患未然」這些成語的，都像滙豐銀行的廣告一樣，警告我們：今天的計畫，就是明天。

於是我才看懂，「明天會更好」的空泛期許，其實就是一種對今天、對當下的逃避，彷彿現在一切的不合理，都會因為未來的存在而變得合理；而眼前一切的痛苦，也都會在未來結出甜美的果實。

但開始學習哲學思考以後，我不得不懷疑這個邏輯的合理性：痛苦的現在，為什麼會變成美好的未來？從因果關係來看，「痛苦」是因，「幸福」是果，很不合理啊！這就好像說醜陋的毛毛蟲只要努力，就會變成美麗的蝴蝶一樣，表面上好像很有道理，但毛毛蟲能不能變成蝴蝶，真正的原因，應該是「基因」跟「運氣」吧？蛾的毛毛蟲，再怎麼努力也不會變成蝴蝶，而不幸被鳥吃掉的毛毛蟲，應該也不是因為懶惰，或是不聽父母的話造成的。

堅信「痛苦」這隻毛毛蟲，注定會變成「幸福」的蝴蝶，這種人要不是沒有邏輯思考的能力，不然就是被洗腦，相信了「吃得苦中苦、方為人上人」的成語。我不太確定自己是屬於哪一種，但是我意識到，如果不改變，我的身體雖然在「現在」，心思和頭腦卻在「未來」。更糟的是，說不定還有一部分跟著我上海的行李箱，留在「過去」悔恨著，那麼我就注定必須一輩子當個身心靈分離的人，無法身心靈完整地活在「現在」。

沒有變成有錢人，也沒餓著

為了這個改變能夠成功，不會被牛頓第一運動定律擊垮，我試著做了兩件事。

第一件事是，立刻通知我的經紀人：

「從今天開始，我的行事曆，每天最多只能安排三件事。」

這三件事，可能是有償的工作坊、會議、評審活動，也可能是無償的飯局、應酬、志工活動，總之就是需要經過經紀人安排的事。

「啊？只能三件？那收入會減少很多怎麼辦？」

「可以讓客戶知道，我能使用的時間變少，時間成本提高了，所以價格必須提高，或只選特別有意義的活動，那麼即使只做三件事，也有原本做十件事的價值。」

「如果客戶不願意呢？」

「那我就賺到生活品質啦！只是對你比較不好意思而已。」我對經紀人說。

我的經紀人想了一天後，回覆我：「沒有關係，我想過之後，也覺得這樣比較好。」

從此以後我們就改變了工作模式，一直到現在。雖然沒有變得富有，但是也沒餓著，反而因為慎選有價值、有意義的工作，生活品質確實變得更好了。

別想「等一下的計畫」

第二件事是，我請身邊親近的人，像鷹眼般看住我，不要讓我跑掉。

譬如當我說：「改天我們找個時間一起吃飯吧！」

這時，就會被嚴厲地質問：「你在逃避什麼呢？如果真的想一起吃飯的話，為什麼不能今天、現在就一起吃飯呢？」

我因此必須誠實地面對自己，這個「改天一起吃飯」的說法，是真誠的邀請，還是隨意推諉於未來的慰藉（consolation）說法，讓自己彷彿以為「未來的自己」已經替代了「現在的自己」，進行了這個我其實沒有打算要做的行動。如果是真的，那麼確實沒有任何不能現在、馬上、立刻實現的原因。

一開始的時候，真的覺得超厭世！一個高度社會化的成年人，不停地被戳破虛偽的客套話，必須面對自己的謊言，真的很痛苦。因為我要不是被自己懲罰，不得不跟並沒那麼想一起吃飯的人，花幾個小時吃飯，就是必須向對方坦承，其實我並沒有打算真的「改天一起吃飯」。

可是有趣的事情慢慢發生了，因為安排「吃飯」也是一天三件事的其中一件，一旦選擇了「吃飯」，這天就只剩下兩個時段可以安排，這讓我對於跟誰吃飯、吃什麼，以及吃飯時的對話，變得極度重視。我必須要讓這件事有足夠的價值，否則這一天會在後悔中結束。

於是我的生活中增加了許多高品質、原本沒在預期中的深度對話，即使是跟原本一點也不想一起吃飯的人，也因為我抱著死馬當活馬醫的心態，努力想要增加這件事的價值，而發現對方有我從來不知道的有趣想法，或是充滿感動的故事。

吃飯的時候，我如果不小心說：「等一下吃完飯要去哪兒喝咖啡？」

也會有人提醒我：「我們現在在吃飯，不准想吃飯以外的事。」

於是我才意識到，剛才因為一直在想著等一下的計畫，其實根本沒有好好品嚐食物的味道，這才像是散落的魂魄回到身體中，重新開始品嚐每一口食物，以及此時此刻我們在一起的完整。

第一次被稱讚「記性很好」

當然，如果我吃飯的時候，拿起手機開始滑，也會立刻被指責。在吃飯的時候，回應了簡訊或是順手按了朋友貼文的讚，都是我「不在場證明」的證據。我制定了一個懲罰自己的方式，就是我萬一無故「消失」，做出「人在心不在」的事，就要幫全桌人買單。

因為可以賺一頓飯，又可以好好一起吃一頓飯，所以我發現跟我吃飯的人都很樂意擔任鷹眼的角色。有趣的是，這也讓和我一起吃飯的人，開始有意識地覺察他們可能也常常犯跟我相同的錯誤，因此跟我一起走向困難的改變之路。

在這過程中，我注意到自己一點一點變得越來越真誠。不但我變得對自己真誠，對當下的自己有著高度的覺察，對我選擇花時間一起吃飯的人，我也變成一個比以前更真誠的家人、朋友。

另一個奇妙的副作用是，我從此幾乎再也沒有忘記帶鑰匙出門、沒有遺忘錢包，不再遺留信用卡在提款機或是售票機，記得自己做過的事，以及跟別人的對話。那個被認為「健忘」的我，慢慢消失了，甚至開始有人因為我可以記得很久之前吃飯席間，對方說過並不特別重要的對話內容，人生第一次被稱讚「記性很好」。

你到底急什麼？

或許我從來就不是健忘，也不是太忙碌，只是慣性在「當下」缺席，活在過去、或是未來，直到我下定決心，讓身心靈都跟自己「在一起」。

時間快轉，我在哲學諮商時，遇到一個總是匆匆忙忙的高階主管，很自豪地告訴我他不論在外面還是在家裡，吃飯永遠就是十分鐘之內打發，而且這十分鐘都還會同時做別的事，不會允許自己浪費一分鐘時間。

「你為什麼要這麼忙呢？」我問他。

「因為無論是在辦公室，還是在家裡，永遠有做不完的事。」

「你有沒有想過，這些事放著不做，會怎麼樣呢？」

他似乎很意外我問了這樣的問題，一時不知道該如何回答。

「我猜猜看，不做的事，很多自己就會消失不見。剩下的大多數，其實不做也不會怎麼樣。」我說。

他點了點頭。

「你這樣想過嗎？」

他搖搖頭。

「你這輩子，隨時都這麼匆忙，要趕著去哪裡呢？」我笑著問。

「哪裡都沒有要去。」

「那你到底在急什麼？」我對客戶說，也說給過去的自己聽。

改變是困難的，但是我看到改變是可能的。

我並不是一直都這樣，一天只做三件事的人。我終於認清，時間其實不是金錢，浪費時間在自己身上是一種對生命的犒賞，多做不一定多得，多得也不見得是好事，而今天的計畫，當然不該是明天。

我只想要自己的身心靈，像小心不要摔壞的蛋糕那樣，直到最後一刻為止，奶油跟蛋糕都能夠好好地在一起。

第二件重要的事：成為一個會呼吸的人

人生在世能夠呼吸的次數是固定的，只是我們往往沒有覺察而已。

光是好好呼吸就不容易

我開始學習潛水，也是決定改變生活方式之後的事。

其實潛水對我來說，最主要的意義並不只是可以在水中看到什麼珍稀的海洋生物，雖然那也很好，但是真正重要的，是在水下，我會清楚認知到只有一件重要的事情要做：那就是「呼吸」。

「人類是多麼脆弱啊！」潛水的時候，我不得不意識到，無用的人類之所以能夠在水下四十米深的海裡活著，都是因為背上的氣瓶。

無論是一個長袖善舞，或是家財萬貫的人，在水底時，我們都一樣無用。

我們唯一能夠做的，就是透過塞在嘴裡的二級頭，謹慎地呼吸著氣瓶裡的氧氣。

萬一吸得太快，氧氣很快就會用完。

萬一連結氣瓶的一級頭脫落，無法吸到氣瓶裡的氧氣，人很快就會死掉。

高氧潛水時，萬一吸入的氧氣過多或過久，則可能氧氣中毒在水底昏迷。

這幾種情形都是非常危險的。因此可以說一個人在水底會不會呼吸，決定了他能不能生存下來。

氣瓶剩下三分之一氧氣的時候，就要開始慢慢回到海面下五公尺的地方，進行三分鐘的「安全停留」，才可以回到水表面，免得太快浮上水面，罹患俗稱潛水夫病（divers diseases）的減壓症（decompression sickness）。同時在水面休息時間（surface interval）至少要一個小時，才可以再潛水，潛水後至少休息二十四小時才可以搭飛機，如果休息時間過短，也會造成減壓症。

潛水員都知道，呼吸是必須非常謹慎的，不然會帶來身體的危險。當潛水時間超過了「免減壓極限」（NDL），身體罹患減壓疾病的風險就會大幅提高。如果超過時間，但超過的還不太多（五分鐘內），就會進入「緊急減壓」，也就是原本三分鐘的安全停留，就要延長到八分鐘，而且上岸後，至少需要六小時的休息時間才能再度下水。萬一超過了五分鐘，水下五公尺處的「減壓停留」就要延長到十五分鐘，而且水面休息時間要超過二十四小時才可以再次潛水。先不管這些複雜的數字了，我要說的是，潛水讓我意識到人的呼吸並不是簡單的、自動的，而是需要小心計算、謹慎思考的。

換句話說，潛水員光是要好好活著，確認自己有好好呼吸，就已經很忙了啊！

我選擇成為一個忙著呼吸的潛水員，其實是在我的父親去世以後的事。

不能好好呼吸，就沒有生活品質

我的父親在生前最後一段時間，是一個每天除了忙著呼吸，無暇顧及其他事情的人。他因為肺部崩塌，沒有辦法躺下來睡覺，所以在生前有很長一段時間，終夜都必須坐著，才能呼吸到足夠的空氣。但是一直坐著，當然無法好好休息，長期以來，身上還有各種慢性疾病的他，就持續處在極度疲勞的身心狀態。雖然我們白天去探望他的時候，他試著想要輕描淡寫，但是那種從內到外的累，是遮掩不住的。

真的太累的時候，父親也必須躺下，但是這時候就要借助製氧機跟呼吸器的幫助，藉由機械的力量，讓氧氣送到塌陷的肺部，我們都開玩笑說那個幫助他撐起肺葉的機器，綁在他的腹背時，看起來就像一隻可愛笨重的大烏龜。但是很多時候，父親還是寧可徹夜坐著，因為呼吸儀器的束縛感，還有無止境器械的噪音，比起一直坐著，更無法讓人放鬆睡眠。

在那段時間，我才意識到，即使「呼吸」這件事，對於病中的父親，也成了一個無法達成的願望。

即使我從小喜歡游泳，對於憋氣與換氣這件事，比不諳水性的人有更多的認識，更因為種種機緣，正式學習過禪修呼吸的方法，也學習過瑜伽的呼吸法，但是我仍然把呼吸當成理所當然的事。而各種呼吸的方法，只被我當成錦上添花的工具，並沒有真正意識到呼吸可以是一件在活著的每一刻，都這麼重要的事。無法順利呼吸的時候，我看到父親沒有說出口的恐懼，以及對生命的厭倦。不能好好呼吸的生命，必然是沒有品質的生命，無論有再多的金錢、權力也沒有意義。

專注每一口氣

父親的病情讓我深刻意識到，作為隨時都在呼吸的動物，我對於呼吸這件如此重要的事情，竟然是那麼無知，並且馬虎。要不是因為父親，我可能還要更遲才會發現，呼吸可以是一件恐怖的事，而無論是父親還是我，其實都是連呼吸都不會的人。

所以在父親去世後，我決定克服自己對於未知的恐懼，學習潛水，讓我必須隨時專注於每一口氣的呼吸，知道自己每一口氣呼吸的公升數，每一分鐘在不同的水深，需要消耗的氧氣公升數。讓呼吸這個雖然每分每秒都在做，卻一點都不知道如何掌握的奧祕，變成清清楚楚可以覺知、掌握的技術。

如果你被勾起好奇心的話，可以簡單這麼說：一個成年男性的平均呼吸量一次吸氣大約是三・五公升，而女性差不多是二・五公升，而每一只十二公升的氧氣瓶，裡面差不多壓縮了一千八百公升的空氣量，但是為了安全，通常上岸時都還要留三分之一左右，意思就是我一次下水，可以用的空氣量是一千兩百公升。做一下簡單的算數就會發現，一千兩百除三・五約等於三百四十三次呼吸，意味著我在水底下停留的時間是一個小時，也就是每分鐘可以呼吸的次數，大概是比五次多一點點。換句話說，如果我每次的一呼一吸比十二秒鐘更短促的話，我的氧氣很可能就會提前消耗殆盡，帶來生命的危險。

平常在岸上，假設我肺部的總容積是三公升，通常在吐氣至剩下一・五公升時，大腦就會對肺部肌肉下一個指令說：「好喔！可以吸氣了！」事實上，我們往往沒意識到肺裡面其實還有一・五公升沒排出體外的「舊」氣體，這時候吸氣，只會降低我下一次換氣時氣體交換的效率。所以我必須有意識地感到舒適的情形下，盡量刻意將肺部的舊氣體排出，但不能刻意使勁，這樣才可以減少呼吸的次數，同時提高空氣交換的效率。

正如我來自埃及的第一個潛水教練穆罕默德告訴我的：「一只氣瓶能夠呼吸的次數是固定的。但是你也不用太在意，人生在世一輩子，能夠呼吸的次數，其實也是固定的，只是我們沒有覺察而已。」

這穆罕默德先生根本是哲學家吧！

我們最需要的能力是「放鬆」

我時常想，如果當時父親臨終的時候，知道人一生呼吸的次數，是有定數的，不知道對他來說，會不會是一種安慰？

但我現在知道了，所以我決定每小時認真地呼吸三百四十三次，無論在海面下，還是在陸地上。光是要把這件事做好，每天就很忙碌了啊！怎麼還有心思去想一些與人明爭暗鬥、勾心鬥角的事情呢？

決定把好好呼吸，當成一件正事來做，改變了我對好好活著的看法。我停止想要做更多、更厲害的事，只想著要如何才能夠做好「呼吸」這件讓自己好好活著的事。期望我不需要和我父親最後的歲月一樣，在不知不覺地用掉生命之後，最後只在一呼一吸之間，剩下苦澀的挫敗感。

至於學習自由潛水的人，那就更不用說了。自由潛水是只用一口氣，到水下更深的地方久久待著，真是太瘋狂了！很多外行人誤以為自由潛水最重要的能力是「憋氣」，但是這麼想就錯了；要能夠在水下不呼吸待得很久，最需要的能力，其實是「放鬆」。

如果知道如何放鬆肌肉，放鬆的不只是心情，還可以直接把心率降低，但要能夠做到放鬆，就必須對自己的肌肉群有足夠的連接與覺察。水肺潛水也一樣是透過慢吸、慢吐的呼吸，將身體放鬆，然後讓心跟隨著身體達到平靜的狀態。透過每次的吐氣，釋放緊繃的身體，這樣的狀態下，不只在水下可以更有效率地使用氧氣瓶中的氧氣，在岸上日常生活中，更是給了我很大的幫助。比如每一次在上台之前，如果我覺察到自己的緊張，就知道該如何在頂多一、兩次的吸氣跟吐氣之中，讓自己的情緒平穩，並且專注於當下。

我想應該沒有人會反對——包括我已經去世的父親——人在這個世界上，沒有什麼比活著更重要，但是卻很少人體會到活著，沒有什麼比好好呼吸更重要。我的父親應該也是到生命最後肺葉崩塌以後，才有這樣的體悟吧！

開啟自我內在的鑰匙

大多數人都以為呼吸是「自然而然」，不需要注意、不需要練習的事。但是即使練習重訓、跑步、靜坐、禪修、瑜伽這些強調呼吸的活動，都不如在海洋中，讓人意識到原來自己呼吸的技巧多麼糟糕。

多虧了潛水，我才慢慢知道呼吸跟壓力、密度的關係，比如在水下，因為受到外在的水壓影響，會壓縮我們的肺部，讓換氣量下降約百分之二十。所以我們為了能保持和陸地上相同的換氣量，呼吸的時候必須有意識地用更大的力氣。同時，水底下空氣的密度增加，會增加呼吸阻抗，為了減少氣體渦流阻抗與摩擦，要減緩一次吸氣、呼氣所需時間（所謂的「循環速率」），比如在水下三十公尺的深度，呼吸一次需要的時間，就會比在地面上多了百分之五十。如果沒有清楚地意識到這些變化，就沒有辦法順利正常呼吸。

學會呼吸，就像拿到了一把開啟自我內在的鑰匙，我好像開始知道怎麼樣讓自己的頭腦跟身體連結、對話，感知自己，聽見自己了。每一次充分、完整的呼吸過程，就可以幫助自己進入到高度自我覺察，透過慢而深的呼吸，達到完全放鬆的狀態。

當我潛水的經驗和技術到了一定的程度，開始想要挑戰高難度的潛水地點，我立刻決定要去潛水者心目中的朝聖之地：厄瓜多科隆群島（Galápagos）。

雖然對許多潛水老手來說，我潛水的資歷尚淺，還沒一百潛就去大魔王等級的科隆群島，未免太不自量力。但是親眼看著父親生命最後的巨大無力感，我決定任何現在想做、現在能做的事情，都應該立刻動手實現，而不是像他一樣，總是以「未來」作為拖延的自我慰藉。

下沉時，重要的是調整好呼吸

科隆群島之所以需要是經驗老到的潛水高手才能去，其中一個重要原因，是這個海域的風浪永遠巨大，水溫永遠寒冷，船沒有辦法直接到潛水地點。所以每一次都必須從我們住宿的船上，穿好所有笨重的潛水裝備，跳上橡皮艇，抓緊繩索，在驚濤駭浪中抵達潛水地點。然後在潛導的指令下，所有人同一時間翻身背滾式跳進海裡，而且浮力背心裡面不可以殘留任何空氣，每一次都毫無例外地要「負浮力入水」（negative entry），意思是一入水就要立刻快速下沉，大家到水下一、二十公尺，海流比較平靜的約定地點會合。通常很貼近海底的地方，是最平靜的。

因為海流太強，只要有人比其他人晚了幾秒下水，或是被海流帶著漂了幾秒鐘後才開始下沉，可能就會跟同伴拉開一、兩百公尺的距離。或是因此誤入了跟同伴不同方向的海流，被帶到很遠的地方，就算看得見也游不到，從此人間蒸發，都是很有可能的。

當我負浮力入水下沉的速度太快，或是眼看著快要碰撞到海底，揚起海底的沙子，讓海水變得混濁，看不見同行的夥伴之前，我能做的，不是將浮力背心充氣；因為在需要精確控制水中位置的時候，很容易一下子就注入過量的空氣，加上海流的關係，可能會像一個斷線的氣球那樣飛走。唯一的辦法，就是利用緩慢的呼氣跟吸氣，分毫不差地將自己的身體在水中上升或下降到想要的高度。

幾次失敗的嘗試後，我變得有經驗了，知道吸氣或吐氣而造成的浮力變化，會有幾秒鐘的延遲。我開始學習掌握時間差和前置量，比如前方大概三秒鐘的腳程處，有一塊突起來的軟珊瑚礁，為了蛙鞋不要碰觸到珊瑚礁造成傷害，所以我現在要吸多少空氣，才可以讓自己三秒鐘後剛好稍微上升，停在珊瑚礁上方大約十五公分的地方。這種精準地覺察自己、控制自己的能力，讓我對自己的身體還有周遭的環境，有了前所未有的敏銳度。最有趣的是，我發現學會這個技巧之後，在越南胡志明市的圓環過馬路時，再也不覺得崩潰，反而變得輕而易舉，有種科幻片裡一切快速移動的子彈，突然都變成慢動作的感覺。

笨拙人類，重新學會一件以為簡單的事

當我發現，已經逐漸可以用自己的呼吸，將無依無靠的身體，在複雜的海流中錨定在任何一個我想要的位置時，我好像看懂了為什麼海鳥在空中、魚在洋流湍急的海中，都可以毫不費力地呈現幾乎靜止的狀態。

手忙腳亂的時候，通常是造成我換氣換不過來的時候，身體的動作跟呼吸狀態其實是一致的！身體亂的時候，呼吸就會同時變亂；呼吸平衡的時候，身體也會保持平衡。突然

之間，作為一個笨拙的人類，也終於因為學會了呼吸，好像解鎖了什麼宇宙的重大祕密，成為大自然的一部分。

原本我認為人類在水底下利用水肺呼吸絕對不是一件正常的事，因為我們一般對正常呼吸的定義是在陸地上，自發性地用鼻子做吸氣、吐氣的動作，但在水底下，潛水員是用嘴部來完成鼻子的工作。正是因為在海裡面氧氣瓶中的空氣是如此珍貴有限，而且空氣在身體裡面的含量，會立刻決定身體的位置和速度，需要大量刻意的練習才能夠隨心所欲地控制，所以呼吸從一件原本完全不用注意的事，變成了需要高度覺察才能做好的事。老實說，當時的感動，遠遠超過看到航空母艦般的鯨鯊。

實際上，後來發現，當我在海中遇到各種鯊魚時，如果心情突然激動，呼吸失去了平衡，身體也立刻會失去平衡。如果能夠繼續維持深而慢的呼吸，人跟鯊魚之間就可以保持微妙而完美的近距離，滿足彼此對對方的好奇心，卻又沒有任何突然的動作會造成彼此的驚擾或危險。那個彼此凝視的平靜片刻，是無比美好的。

當然，在科隆群島我也一償宿願，跟我的偶像海鬣蜥有了近距離的異類接觸。

我的潛水偶像：海鬣蜥

少見的海鬣蜥之所以是我的偶像，是因為對我來說，牠們是真正懂得呼吸的自由潛水高手，一次入水可以待上三十分鐘不用換氣（也有專家說可以在水裡待上一個半小時，但我看到牠們通常只會在水下待十至十五分鐘）。雖然在陸地上爬行速度非常慢，感覺是很笨拙的動物，一旦進入水中，卻可以自然暢快地游動，用強壯而扁平的尾巴作為控制方向的舵。在我的手指必須全力抓住岩石才能不被強力的海流沖走時，體重只有一到兩公斤，長度只有六十至七十公分的牠們，卻可以優雅地來去自如，用鋒利的爪子扣緊岩石，輕鬆地在海平面下十公尺處，吃著長在岩石上短短的紅藻跟綠藻。

據說海鬣蜥的祖先是一千零五十萬年前，從南美洲遷居過來的生物，通過漂浮的植物來到了科隆群島這裡，並且不斷繁衍生息。但是島上自然條件其實很嚴酷，岩石遍布，幾乎沒有可食用的植物，所以牠們才培養出到海中吃海草的能力。海鬣蜥是一種冷血動物，血的溫度不高，只能透過晒太陽的方式來加熱自己的身體。海鬣蜥性情溫和，攻擊性不強，潛水能力卻非常強。一般來說，在中午以前海鬣蜥都在岸上晒太陽，直到身體加熱差不多了，才會幾乎同時跳到寒冷的海水中，並且在身體裡面的氧氣用完、體溫變得太低之前，必須回到岸上。科隆群島海域的含鹽量非常高，正常的陸地動物會因為攝入過多鹽分而死亡，但海鬣蜥學會了在海中透過打噴嚏的方式，將鹽分排出體外。這些被噴出來的海鹽因為海流的關係，很多會卡在背部的棘冠上，白色的結晶看起來就像叛逆的龐克頭一樣，簡直太帥了。

不過在海裡遇到的海鬣蜥，通常都是成年的雄性。雌性的海鬣蜥和體型較小的幼年海鬣蜥，一般不能夠潛入到海底，因此留在潮間帶，尋找比較容易獲得的草本食物。

海鬣蜥帶給我最大的啟示是，作為自由潛水高手，牠們擅長控制呼吸，一下水就開始憋氣。憋氣可以讓海鬣蜥減緩自己的心跳，讓自己在長時間不用呼吸的情況下，也不會因缺氧而死去。

海鬣蜥可以非常自然地調節自己的心律，在下潛的時候，心律會減慢，而回升到水面的時候，心律會加快。如果身邊出現鯊魚之類的敵人，甚至可以迅速停止心臟跳動，讓敵人完全沒辦法發現牠。如果稱海鬣蜥為「水下禪修大師」，應該當之無愧。

現在的我甚至會跟過去的自己說：學會好好呼吸之前，什麼也不用做，因為再多的努力都沒有用。畢竟一個連呼吸都不會的人，慌慌張張地活在這個世界上，能幹什麼呢？

第三件重要的事：成為一個同伴

「同伴」是一種職人的哲學，
跟一個同伴一起工作和學習，
永遠會是一種樂趣。

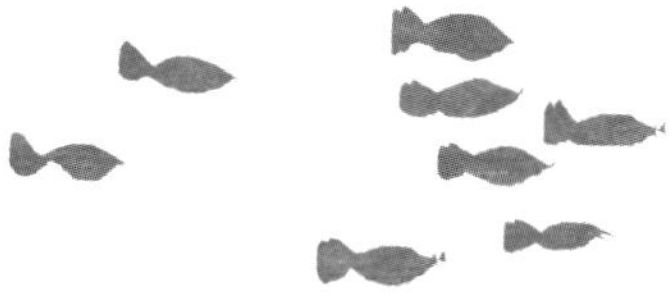

最大的讚美：成為真誠的「同伴」

無論在NGO的領域、寫作的領域，還是哲學諮商的領域，我希望跟我在一起的人，都可以感受到跟我的「同伴」關係。

因此只要有人在各種培力的課程、評審會議或工作坊上尊稱我為「老師」，過去的我可能會因此感到被重視的虛榮，偷偷高興一下，但是現在的我卻一點都高興不起來，甚至懷疑自己是不是做錯了什麼。

如果是在哲學思考工作坊上，我甚至會特別停下來強調，在邏輯思考裡，我們沒有「師生」的關係，我們都是思考的「夥伴」。

對我來說，那才是最大的讚美。

我清楚感受到這種關係的轉換，為我和世界建立起一個安全和信任的環境。我慢慢地學會如何在同行的路上，與和我一起的人，成為真誠的「同伴」。

「同伴」的概念，是從哪裡來的呢？我印象很深的是，有一次在收音機上聽到美國手工烘焙大師丹尼爾・立德（Daniel Leader）在接受採訪時，說了一段對他人生重要的往事。

四十多年前，他還是一個很年輕、但被認為有天賦，也已經頗有經驗的麵包師，法語說得不錯的他到了烘焙的聖地法國去拜師學藝。他遇到一個麵包師傅，跟其他師傅教他的時候很不一樣，這個師傅不但很有耐心，而且可以透過手指的觸碰，評估麵粉的狀態，很有自信地對食譜進行微小調整，達到心目中想要的結果。

比如給麵團加水的時後，他不會拿量杯，也不會按照食譜，而是一滴一滴地慢慢加，不斷觀察、評估和計算，尋找麵團的微妙變化，直到完美地融合為止。

丹尼爾說，光是看著師傅如何決定兩種麵粉的混合比例，以及揉麵團的過程，就像一個震撼人心的大師講堂。整個指導的過程有如行雲流水，不著痕跡，他的動作很快、溫柔，卻毫不費力。

他小心翼翼地處理麵團，不去損壞麵包內部的結構，創造出形狀完美的麵包。即使像丹尼爾這樣有經驗的麵包師，也因此能夠用新鮮的眼光，來重新看待烘焙這門手藝。

有一次，丹尼爾為了把一桶發酵中的麵團倒在麵包檯，按照他在美國的習慣，用手用力敲打著桶子邊緣，讓麵團跟桶子分開，重重掉到麵包檯上。

師傅看了一眼，在不批評丹尼爾的習慣下，只是淡淡地說他有一個更好的方式，接著拿出一把抹刀，輕輕地、溫柔地用抹刀鬆開容器兩側的麵團，讓麵團完美無聲地滑到正方形的麵包檯上。

在將麵團放回容器之前，師傅又輕輕拍打麵團，彷彿在鼓勵它。

把你學會的技術交給「同伴」

在這些細微的動作中，丹尼爾說他看到極大的尊重和良好的能量轉移——雖然丹尼爾在訪談當中，並沒有明說是在他和師傅之間，還是師傅和麵團之間，但我猜測是兩者兼具。

在學習結束以後，丹尼爾忍不住問這位師傅，為什麼他跟其他麵包師相比，令人感受到一種說不出的與眾不同？

這位麵包師傅慎重地說：「因為我是Compagnons du Devoir et du Tour de France的成員。」

這是丹尼爾第一次聽說這個起源於中世紀行會的法國工匠組織，而這個師傅原來是

Minoterie Suire這個古老家族麵粉廠的創新和研究總監，法國烘焙界的大師法布里斯・庫里（Fabrice Cuéry）。

作為一名已經訓練有素的烘焙師，法布里斯當年為了要成為一名這個組織認證的Compagnon（同伴），除了必須參加烘焙術科考試，更重要的是參加像是人格測驗的評估考試，看他有沒有成為一個好師傅的性格和潛力。

一旦通過嚴格的考驗被選上之後，會得到腰帶和儀式手杖，正式成為「有抱負的人」（aspirant），標誌著未來的旅程。接下來，就要進行五年的學徒（stagiaire）修業期。

每一年，學徒會被分派到一個法國境內不同的地點，跟著一位烘焙大師，接受一年的指導。他在南方的普羅旺斯學會了烤福加斯（Fougasse Aux Herbes De Provence）這種特別的香草麵包後，又到東北的亞爾薩斯去學了咕咕霍夫（kougelhopf）麵包，這種用裸麥、黑麥、小胚芽麥所做成的麵粉，將麵包做成圓邊帽的形狀，然後加入啤酒酵母，是專門用來搭配生蠔、鵝肝的重口味麵包。

這個古老的法國工匠組織想要做的，遠遠不只是讓年輕麵包師，到處去學習製作不同麵包的技術，更重要的是每到一個新的地方，就要把之前學會的技術，立刻交給新的同伴。也就是說，他從普羅旺斯到了亞爾薩斯，不只要學習亞爾薩斯的麵包技術，也要把在普羅旺斯學習的麵包技術，毫不藏私地帶給亞爾薩斯的麵包師們。這是一種道德承諾，不僅要傳遞他的烘焙訣竅，還要傳遞他作為一個好匠人、甚至一個好人的生活方式。

我想要成為這樣的人

「compagnon」（同伴）這個詞，來自於古法語「compaignon」，意思就是「一個與人一起吃麵包的人」，他被帶入社群，與其他學徒一起住在同一間房子裡。成為一名同伴，意味著必須學習與跟自己背景很不同的人一起同行，並且幫助對方以他們自己選擇的方式蓬勃發展。

實際上，這個環法的古老行會，在中世紀時期建造了法國的教堂和城堡，並受到國王和天主教會的迫害，因為他們拒絕在任何一個機構的規則下生活，而開始了自己的制度。除了麵包師、甜點烘焙師之外，養成的專業還包括編輯、石匠、木匠、屋頂工、水暖工、鎖匠、金屬匠、木工雕刻家、泥水匠、畫家、裝潢師傅、櫥櫃製造商、園丁景觀設計師、製桶師傅、車身修理工、鍋爐製造工、機械師、電工、精密機械師、鐵匠、馬蹄鐵匠、皮匠、鞍具製造工、鞋匠、釀酒師等，而養成的方式都是一樣的：這些原本就已經有法國政府頒發的 Certificat d'aptitude professionhelle（專業資質證書）證照的工匠，在持續多年的工作和旅行中學習。在法國有八十多個這行會的據點，規模大小不等，有小到只能容納五個人的小房子，也有大到可容納一百多人住在一起的大房子。學徒學習的不只是技術，還包括這個行業的經營，以及高尚的職人道德。這是一個傳統師徒制的指導網絡，透過這樣的身教可以學習一門手藝，同時透過體驗社區生活和旅行來培養性格。完成修學的旅程後，「有抱負的人」必須提交一件結業作品（稱為「傑作」，**travail de réception** 或 chef-d'œuvre）給行會接受評鑑，如果被接受，才可以正式成為一名「同伴」，獲得一個同伴的專屬名字，並獲得一根能達到心臟高度的新手杖。這還沒有結束，接下來這個剛得到「同伴」認證的職人，必須繼續巡迴三年後，選擇在一個地方穩定地生活和工作，成為compagnon sédentaire（久坐不動的同伴），開始教導自己的學徒。

當來自美國的丹尼爾遇見他的師傅法布里斯時，法布里斯已經選擇大西洋羅亞爾省一個小城市布賽（Boussay）的Minoterie Suire百年麵粉廠作為他的基地，並且二十年來在那裡傳遞給他的「同伴」各種技能和準則；當了數百名麵包師的「同伴」，建立的不是以自己為名的品牌，分享的也不只是他對麵包烘焙的知識，更重要的是他對烘焙的熱情，以及傳達對職人的期許。

丹尼爾說的這個故事，讓我深受啟發。

「這就是我想要成為的人啊！」當時年輕的我跟自己這麼說，雖然我一點都不知道未來的我具體想要做什麼。但在那一刻，我意識到這正是我想要成為的人。

光是實踐承諾，就很幸福

因為好奇，我開始去尋找更多法國著名工匠協會 Les Compagnons du Devoir的成員跟他們的故事。後來我發現在法國得到Maître Boulanger（麵包大師）傑出頭銜的烘焙師Lionel Vatinet，在他的自傳《麵包的熱情：麵包大師的教訓》（A Passion for Bread）中，也詳述了他對麵包的熱情如何在十六歲被選入工匠協會作為學徒時被點燃，經歷了七年的學徒歷練後，承諾將他的一生致力於教授、分享、保護古老的麵包烘焙藝術和科學，揭開烘焙的神祕面紗，讓更多的麵包師能夠生產出高品質手工麵包。

「我認為每個料理人都應該分享他們所知道的全部。你不能覺得你需要留一手，或是有一個需要保守祕密的配方。」

我也在網路上看到一篇介紹木匠如何修業的生活起居時刻表，一個木匠學徒期的典型工作日，白天都在現場為僱用「有抱負的人」做全職工作。晚餐通常在晚上七點到八點之間，在行會安排的社區房子裡。吃飽飯以後，開始上技術繪圖、技術、法語、英語、數學等課程，直到晚上十點。週六也要上課，課程時間為上午八點至中午十二點，下午一點三十至五點三十。木匠透過從事不同的項目和課程來獲得技能，在創造模型之前，要先以圖紙構思，然後用木頭組裝。至於週日也不能休息，要用來探索結業「傑作」的概念。

德國也有類似的傳統，叫做「Wandergesellen」（熟練工），每年有八百名來自德國的熟練工人，穿著喇叭褲、無領襯衫，戴著大帽子，遵循古老規則在路上修行。他們的口袋裡都有熟練工的證書，未婚、沒有債務、年齡小於三十歲，幾乎都是男性。從衣服的顏色就可以看出他們的專業：木匠和屋頂工穿黑色，裁縫穿棕色，園丁穿綠色。所有的規則只能口頭傳遞，沒有寫在任何地方，規則包括不准在住宿或交通上花錢，只能以勞力支付。除了參加喪禮，兩年零一天不准回家，旅行修業的地點距離家鄉至少要五十公里遠。因為不能花錢，大多時候必須仰賴陌生人的善意，因此必須完全相信自己和陌生人。這些修業中的熟練工，只能擁有他身上所穿的衣服、熟練工的書、工具、地圖和個人零碎物品，但是手機和電腦是違禁品。

知道世界上有一群職人，抱持著這樣的態度面對自己的專業，光是給自己這樣的承諾，都覺得幸福極了。

但是我在現實生活中的體驗，卻來得很晚。

你有一起學習的同伴嗎？

「同伴」的理念像是天上那顆遙遠的北極星，可望而不可即。在現實當中，我感受到的通常都是爾虞我詐，許多我以為可以敬重的前輩，嘴上說著「共好」卻做著「自利」的事，真實是如此殘酷而令人失望。

但是就在我幾乎已經放棄的時候，我與法國哲學老師奧斯卡學習哲學諮商，第一次真正感受到了就像法布里斯之於丹尼爾，奧斯卡之於我，正是這個雖然難搞但是值得尊敬的「同伴」。

奧斯卡雖然總是會帶給我各式各樣的麻煩，比如他很故意地去挑釁他不該挑釁的人，明知道不該說的話卻說出口，甚至害我跟著一起官司纏身，但他也會把我們這些他還沒完全得罪的學生，開開心心地拉進同一個哲學理論的討論群組裡，邀請我們評論他最近寫的文章草稿（有些寫得很讚，也有些真的很爛），或是他最近參加的一個斷食減肥營心得（「為什麼我只要一開口，他們就批評我是『毒素』，啊主題不就是『排毒』嗎？」欸不是……）。而這些完全來自不同國家、不同專業背景、不同年齡、奉行不同哲學流派的哲學踐行者，也能夠基於向奧斯卡學習而來的哲學踐行的道德承諾「只說真話」（parrhesia），不計後果地對奧斯卡這位「同伴」說出吃下誠實豆沙包的贊成或反對。

「同伴」是一種職人的哲學，跟一個同伴一起工作和學習，永遠會是一種樂趣。

無論在NGO發展倡議的領域、寫作出版的領域，還是哲學諮商的領域，我希望只要曾經跟我一起同行的人，無論是五分鐘還是三十年，都可以感受到跟我的「同伴」關係。

如果有編輯或讀者尊稱我是「作家」，我也會特別強調，在出版的過程裡，作者只是其中一個環節，一本書的出版無論是作者、翻譯、編輯、行銷、美編、倉儲、發行，我們都是促成這一本書從概念變成現實的夥伴。

參加過我哲學諮商師訓練的人，都知道我有一個禁忌，就是不可以將前來諮商的人，稱為「個案」，無論當面或私下都必須稱呼他們為「客戶」。因為當諮商師意識到自己面對的每一個人都是「客戶」時，就會提醒自己是對客戶提供「服務」，而不是高高在上地以為自己在為個案、為社會解決問題。也只有這種有意識的關係轉換，兩個陌生人之間才可以在諮商一開始，很快地建立起一個安全和信任的環境。諮商師必須清楚地釋放出這個訊息：「你不是我的負擔。我是因為你而存在的。」

不只是有著商業契約關係的兩個人必須是同伴，友好的親子之間、同事之間、朋友之間，甚至正處在敵對狀態的馬拉松跑者之間、原告與被告之間、雙方的辯護律師與法官之間、罷工的勞方跟資方之間、戰爭狀態的敵人雙方之間，都必須是「同伴」。

我慢慢地學會在同行的路上，與和我一起的人，成為真誠的「同伴」。這是一種職人從長期的孤立、邊緣化，到與社會融合為一體的身心整合階段，也難怪這個行會的傳統儀式，被稱為是法國在二十世紀初的成年禮。

當一個有能力而無用的人

無論希望也好、夢想也好。
重要的不是目標能不能實現，
而是在這追尋的路上，
我們是否每個當下、分分秒秒都心滿意足。

永遠難忘的旅行

我梳理出了這個結論：人生如果不要去管那些緊急的事，而能夠專注在重要的事，那麼真正重要的事，無非只有這三件，「隨時都跟自己在一起」「成為一個會呼吸的人」「成為一個同伴」。之後引發了新的問題：這些對生命重要的能力，在現實生活當中，到底有沒有用呢？

科隆群島上的生物獨特性，啟發了一八三五年九月航海前來的達爾文，讓他從一個相信聖經記載的神職人員，對物種可能的真正起源，大膽而謹慎地重新反思，在旅程結束二十多年後發表了著名的《物種起源》，改變了世界。科隆群島也在一九七八年，被聯合國教科文組織編列為世界上第一個世界遺產。但當我如願去了科隆群島潛水以後，最驚訝的卻不是看見海洋裡、陸地上的各種珍禽異獸，而是意外地看見了這個群島上的居民，如何徹底放下人類的優越感跟競爭意識，和自然萬物合作運行。

在科隆群島，每個島民都是天生的哲學踐行者，而這是一場我永遠不該忘記的旅行。

首先，我要說一個關於海獅的故事。

在這人類與大自然共存的世界盡頭，不上船潛水的時候，我住在群島南邊一個叫做聖克里斯托巴（San Cristóbal）的小島上調息，島上住著八千人，還有四千隻原生種的「科隆海獅」。漸漸地，我觀察到一件事：島上的人類，舉手投足之間有一種順應自然法則的優雅，那是相對於法國貴族階級華衣美食、人為的優雅。他們走路輕手輕腳，說話輕聲細語，動作緩慢但持續，與外界人事物的態度真誠而和諧，人與人之間，人與動植物之間，都不存在著競爭關係。海獅在路上沒有特別注意人類，人類在海裡也沒有特別注意海獅，彼此沒有期待、沒有傷害，就只是自然地保持距離，自然地共存。

然而島上的人類跟海獅之間，存在著一種微妙的互動關係，不像在城市中人類與野生動物的互動，往往表現在對野生動物的觸摸、餵食、馴養、收編，或是做出任何可能改變野生動物原本習性的事，反而是表現在人類願意改變自己的習性，去減少動物的生存焦慮。比如島上的住民原本延續南美洲人放煙火慶祝節日的習慣，但發現大批海獅受到噪音跟火光驚嚇紛紛走避至海中以後，就自主地停止放煙火。

潛水的時候，我在水下也會遇見海獅們。科隆國家公園派來的潛水嚮導，教我們分辨兩種不同的海獅。體型比較大的科隆海獅，原本在岩岸上晒太陽、睡午覺，一看到潛水員下水，就像狗兒般紛紛也跳進水裡，好奇地跟著潛水員一起翻滾，或是玩潛水員吐出來的氣泡。但是稍微遠一些，有另一種體型比較小的非原生種海獅，叫做「南美海獅」（Otaria flavescens），卻抱持著懷疑的態度，只是遠遠地觀察著潛水員，不會靠近。

經潛水嚮導這麼一提醒，我才意識到在島上隨處都可以看見科隆海獅，大剌剌地在公園長椅上睡到打呼，對人類毫無警戒，卻從來沒有看過南美海獅上岸。

為什麼生活在同一片海域的兩種海獅，面對人類的時候，卻有兩種截然不同的表現呢？

「南美海獅直到一九六〇年代，仍在南美洲被人類大量獵殺，獲取皮毛，並且用海獅油來點燈照明。所以即使超過半個世紀之後，牠們對於人類，還是充滿戒心。」來自島上的潛水嚮導說。

儘管幾十年來沒有受到威脅，但曾經被獵殺的物種仍然對我們人類保持著警惕。這是多麼重要的教訓！即使放回到人類之間的親子關係，也是適用的。

科隆海獅之所以和人類可以擁有如此和諧的互動，是因為海獅跟人類之間，沒有任何利害關係，海獅對人類毫無用處，人類對海獅也毫無用處，但是海獅跟人類，對於在群島生存下來，都有絕佳的能力。就像可以看見子女的能力、欣賞子女能力的父母，如果沒有要讓子女的能力對自己有用，就可以保持著像人類和科隆海獅之間的和諧關係。

至於南美海獅，正因為人類拒絕去欣賞海獅的能力，只看到海獅對人類的用處，以至於海獅和人類之間處於緊張的關係。就像父母看到子女的能力，無論是音樂、繪畫，還是學習，立刻想著要怎麼讓子女變得「有用」，就會變得像南美海獅跟人類之間劍拔弩張的緊張關係。

所以我後來總是跟煩惱子女未來、前來哲學諮商的父母說：「請鼓勵他們成為『有能力』的人吧！不要強迫他們成為『有用』的人。」

有能力還是無能？有用還是無用？

有一位叫做布萊恩．卡普蘭（Bryan Caplan）的經濟學家，曾經出版了一本書，原文的書名叫《多生幾個孩子的自私理由》（Selfish Reasons to Have More Kids），副標題是

「為什麼當一個好家長比你想像的更輕鬆有趣」，在台灣出版的書名則是《生個孩子吧：一個經濟學家的真誠建議》。書中鼓吹多生育，不但對自己好、對小孩好、對社會整體更好，強調的就是孩子對父母、對社會的「用處」。

我可以理解作者身為經濟學家，為什麼會強調效益的重要，畢竟效益就是經濟學追求的目標，經濟學中鄙視一切無用的事物。但是我並不贊成把生孩子當作有用的事，因為這跟養豬來吃、養牛來耕地、養馬來搬運，有什麼不同呢？

然而我同意作者的另一個觀點，作為三個孩子的父親，卡普蘭引用科學界對於領養和雙胞胎的研究，說明現代父母比起上一代花了更多心血在小孩身上，因而疲憊不堪。事實上教養（nurture）根本沒什麼用，因為基因或天性（nature）的力量，不論在孩子的健康、智力、快樂、成功、品格或價值觀上，通常會勝過父母教養的力量。只有基因的力量才是真正長久的。所以不用花心思為孩子張羅最好的、期望他們好好長大、督促他們好好讀書、擔心這個世界不安全；既然什麼都改變不了，還不如放輕鬆。換句話說，父母正常做自己就好，享受育兒的快樂，開開心心做自己，才是養出正常小孩的保證。孩子透過基因的展現，就算不用特別栽培成為有用的人，也自然會長出相應的能力來適應這個世界。

我想強調的是，如果你打算為人父母，或已經為人父母，就必須有這樣的覺悟：父母自身的態度，將決定子女在父母心目中成為什麼樣的人。

這聽起來很像是老生常談吧？但身為父母，你認為你的孩子有能力還是無能？有用還是無用？你知道你的教養觀點，會帶來什麼終身的影響嗎？

從過去幾年來實踐兒童哲學的現場經驗，我有四個有趣的發現：

認為子女「有能力」的這種父母，會讓子女養成為自己負責的習慣。

相反的，認為子女「無能」的第二種父母，則會養成不願意為自己負責的子女。

第三種，認為子女「有用」的父母，出乎意料地會養成子女自卑、疏離的人格。

但是第四種認為子女「無用」的父母，反而會幫助子女成為自己負責的人。

很有可能你會在以下的說明裡看到自己，或是自己的父母。

第一種：認為子女「有能力」的父母

這一種類型，是認為子女「有能力」的父母。這種父母又可以分成兩種類型，表面上此兩種類型有衝突，實則可能同時存在：

1.父母覺得自己「無能」。我在美國認識很多第一代華人的父母，當他們的子女在學校受到同儕霸凌，或是學業遇到困難的時候，因為自己在語言和文化上都不熟悉，所以無法幫助自己的孩子。這樣的父母認為從小在美國生長的子女，是方方面面都比自己更有能力的人。

2.父母覺得自己「有能力」。我有個朋友，他的父母對自己特別有自信，總是說：「你是我生的，我養的，我教的，怎麼可能差呢？」這樣的父母，可能自我感覺特別良好，也可能是確實能力特別好，但是不論什麼原因，都相信自己有超能力，孩子當然也有超能力。

這兩種截然不同的父母類型，子女都會因為從小父母認定自己有能力，而從很早期就養成「自己負責」的習慣。

第二種：認為子女「無能」的父母

阿好是我哲學課的學生，也是一個三歲孩子的母親。

在我的思考課上，我要求所有學生一律打開鏡頭，但是阿好的鏡頭是關著的。當我問她原因時，阿好說：不好意思，因為在陪孩子睡覺，不方便開視訊。

我問阿好，為什麼需要陪睡？因為在我長年居住的美國，無論孩子的年紀多小，父母是不可能「陪」孩子睡覺的。阿好說，她陪睡是為了想讓孩子有安全感。但是需要陪才能睡的孩子，反而變成了沒有安全感的孩子。

阿好的行為跟目的剛好相反。這是一個常見的邏輯陷阱：我們常常做著跟目的恰恰相反的事，卻不自知。譬如我們希望孩子能夠做自己，成為有主見的人，卻天天要他聽大人的話；我們希望孩子養成為自己負責的習慣，但是父母卻整天幫孩子做各種決定。

「雖然很多事我幫孩子決定，有些事也會讓孩子自己決定啊！」曾經有個母親抗議我這種說法。

「請妳告訴我哪些事情孩子可以自己決定，哪些事情妳幫他決定呢？」我反問這位母親。

「重要的事情我決定，不重要的事情他自己可以決定。」

「孩子知道他可以自己決定的事情，是不重要的事嗎？」

「應該知道。」這位母親想了幾秒鐘後說。

「所以孩子從小妳就在告訴他沒有能力為自己負責，不是嗎？」

這位母親一時驚訝得說不出話來。

實際上，幾乎所有「不負責任」的子女，都是覺得子女「無能」的父母養成的。阿好陪孩子睡覺，正是認為孩子沒有能力自己睡覺。就像日本社會常見的「繭居族」，他們的父母都認為自己應該對子女的教養負起全部責任，結果卻養成了完全不願意為自己的生命負責任的孩子。

同樣的錯誤，在上司和下屬之間的關係或是政府與人民之間的關係上也很常見。如果在上位者、有權力者，認定在下位者、權力低者是無能的，自然就無法真心地賦權（empowerment），而這些人久而久之也真的相信自己沒有能力做重大的決定。這解釋了很多剛進公司時有獨當一面能力的「人才」，一年之後卻變成了每件事情都必須被交代、催促才能完成的「奴才」。

第三種：認為子女「有用」的父母

另外有一種父母，覺得子女「耐用」「好用」「摔不壞」，把子女當作自己「資源」

的一部分。這種父母存在於各種不同的社會階層，基本上有三種類型：

1.以子女為「生財工具」。無論中外，很多家庭都因為家境困難，讓孩子從小去當童工掙錢，不只掙自己的飯錢，還要幫忙家計，為父母清償債務。這種模式也可能在成年後才出現，規定子女必須上繳全部或大部分的工資，由父母集中管理。

2.以子女為「長期投資」。有的父母是以「孝順」為情緒勒索的正當名義，對下一代從小投資培養，期待子女成為比自己更有掙錢能力的人，之後把子女當成搖錢樹，連本帶利地拿回來，讓自己可以過上原本過不上的好生活。

3.以子女為「許願池」。這種父母是利用子女來實現自己未實現的夢想，如果自己年輕時想當運動員卻做不到，就把孩子從小培養成運動選手；懷著未竟的鋼琴家之夢的，就培養子女成為演奏家。基本上並不在乎子女的意願，只是用子女來實現自我的夢想。

這些認為子女「有用」的父母，容易養出情感上疏離、自我評價傾向自卑人格的子女。

第四種：認為子女「無用」的父母

雖然很多父母認為子女「無能」，但也有另外一種父母認為子女「無用」。這種抱持「子女無用論」的父母，可能來自三種想法：

1.重男輕女。在傳統重男輕女的社會，許多父母認為只有兒子才是「屬於我們這個家的」。至於女兒長大了會嫁人，進了別人家就不屬於原生家庭了，所以覺得女兒特別沒用。

2.觀念先進。跟傳統觀念相反，這種父母意識到每個孩子都是自己獨立的生命，孩子的生命雖然來自父母，但是不屬於父母，因此不會利用子女來「養兒防老」。

3.不在意。有些父母忙於自己的夢想、事業，或是生活壓力，認為子女對於自己的人生沒有什麼幫助，甚至只是拖累，純粹因為生了只好養大，因此對於子女並不在意。

這三種非常不同類型的父母，都不把子女當作屬於自己的資產，但是不約而同地，都會養出「為自己負責」的子女。

我有一位女性朋友，父親就是明顯的重男輕女，她從小心裡就覺得很受傷，極度厭惡父親總是把「女人嫁進人家家裡就應該如何如何」或「女兒嫁出去就是別人家的人」這種話掛在嘴上。所以她從年輕開始，就一直抱持著「女人可以比男人更有用」的想法，她的婚姻觀認為結婚就是「成立一個獨立的家」，絕對不是「嫁進一個家庭裡」。

長大之後，被認為沒什麼用的她，很快離家成為一個獨當一面的法官。至於在父親無微不至的庇蔭下長大的弟弟，連工作也是父親安排的，父親就是他的主管，每天無論上班下班隨時都要面對公私不分的父親，完全沒有自由，也真的變成了一個不能為自己負責、更不想負責的男人。

「還好從小父親就覺得我沒用，否則我不會那麼自由，有那麼多的選擇，建立一個自己的幸福家庭，每次聽人家在爭取女權，我都很納悶有什麼需要爭取的嗎？現在我才理解，其實我是重男輕女制度下，無心插柳柳成蔭的受益者啊！」

成為不失望的人

雖然我並不是布萊恩．卡普蘭「教養無用論」的粉絲，但我確實同意，根本就不懂得怎麼教養的大多數父母，與其勉強自己花太多力氣在教養孩子上，還不如多花一些時間、精力在釐清自己對子女的態度上。就像書中提到社會學者的長期研究，比較被收養兒童與其親生父母（或血緣手足）和養父母在心理或行為特徵上的相似程度，調查對象甚至包含從一出生就被分開認養的雙胞胎，希望得知是先天遺傳還是後天環境對於人的發展影響較大。結果顯示，遺傳（或說是基因、天性）才是真正影響人一生發展的關鍵因素。這些被收養的兒童，雖然在小時候會受養父養母的舉止態度影響，但長大後，更像的卻是未曾謀面的親生父母，或是有血緣關係的兄弟姊妹。

與其想著怎麼教養孩子，才能讓他們變成我們想要成為的人，而面臨無可避免的失望，還不如想清楚：身為父母，我們是怎麼看待子女的，是否信任子女是有能力的個體？或是把子女當成對自己有利用價值的資產？如果能想清楚自己的態度，即使布萊恩・卡普蘭是對的，教養不會改變子女的基因跟天性，至少我們也不會因此對身為父母、身為子女的自己失望。

自我中心與有用無用論

場景回到遙遠的科隆群島。

啟發了達爾文的科隆群島，到底是很有用，還是很有能力？

在離開前，我跟潛水員出身的環保旅館主人Harry說：「我比較喜歡San Cristóbal（聖克里斯托巴）島這裡的生活風情，隔壁Santa Cruz（聖克魯茲）大島的商業氣氛我並不那麼喜歡。」

我很意外Harry聽到我對於他土生土長的島如此讚美時，並沒有露出高興的樣子。

「你同時去了北邊的達爾文島，也去了沃夫島潛水，不是嗎？」他問我。

我點點頭。

「你在沃夫島有看到鯨鯊嗎？」

我搖搖頭。

「是的，一隻都沒有。但是在達爾文島卻看到很多。」

確實，我在達爾文島八次潛水的時候，一共與七隻巨大的鯨鯊相遇。巨大的鯨鯊在我身下的海水如航空母艦般優雅地移動，那是我一輩子都不會忘記的經驗。

「鯨鯊會說達爾文島跟沃夫島哪一個好，哪一個不好嗎？」Harry繼續不溫不火地說。「兩個島，不會有好壞，只是有著不同的性格而已。」

我突然覺得有點明白了。

沒有來到科隆群島以前，我大概無法理解Harry的意思，島嶼又不是人，怎麼會有哲學上所謂的「人格性」（personhood）呢？但是此刻的我，卻完全同意。我因為沒有覺察，所以自動把我喜歡的、符合我價值觀的，歸類成是好的；至於我不喜歡的，則理所當然當成是壞的。這種自我中心的想法，跟強調生孩子有用、無用的經濟學家，其實又有什麼不同呢？

學會不失望，就是接受「不確定性」

從小生長在San Cristóbal島的Harry，十五年前從一個在潛水船上工作的潛水員，成為島上一家家庭雜貨店的老闆，與妻子全心照顧這家店和剛滿八歲的兒子。海上的生活跟陸上的生活，並沒有哪種生活方式比較好、哪種比較不好，只是在自然裡，順著時間與際遇，不同性格的自然呈現而已。就像在大海中距離非常接近的達爾文島跟沃夫島，在不同的時候，由海底火山噴發形成，南下與北上四股不同的洋流在赤道交會，帶來兩個島嶼不同的生命樣態，沒有喜歡不喜歡，沒有好與不好，只是「不同」的存在。

我想到專門研究存在主義的政治學家Carmen Lea Dege曾經在二〇二〇年夏天的《波士頓書評》中寫了一篇名為〈二〇二〇年的存在主義轉向〉（2020's Existentialist Turn）的文章，裡面有這麼一句：

……承認「無法擺脫的不確定性」是一種希望的存在，因爲不確定性打開了一個想像和建設未來的關鍵空間。

其實所謂的「希望」，就是接受「不確定性」罷了。而所有能夠確定的事，無論好事壞事，都是沒有希望的事。如果接受不確定性，就能開始把追求「結果」的執念放在一旁，享受當下在路上的風景。

達爾文島跟沃夫島都沒有好壞，只是有著不同的性格而已。

如果要學會不失望，就要學會接受「不確定性」。

這裡要區分的是「夢想」和「希望」，表面上看起來都是充滿著「不確定性」，但是兩者其實有著本質上的區別。

與其充滿希望，還不如懷抱夢想。

原因很簡單，「希望」是消極的，什麼都不做，只需要等待奇蹟出現，所以本質是不負責任的。

但「夢想」是積極的，一旦有了夢想，我們就必須去做些什麼努力，比如一個在曠野中迷途的人，注視著北極星，並不是為了要到達北極星，只是為了向北方去。只要在向北的路上，這個過程就叫實現「夢想」的過程，是一種為自己負責的表現。

我一個在加拿大的哲學思考課學生佩佩，問我為什麼總是強調目標是北極星，我們只是在北極星指引的路上，而不是終會有一天達到自己既定的目標？

我問她為什麼突然想到這個問題？佩佩說經過最近一趟去魁北克自我流放之旅回來以後，非常確定自己未來的目標，而且很有希望達成。雖然不肯定是否在三、五年內，但也不至於像追逐北極星「向宇宙下訂單」般虛無縹緲。

「那不就是北極星嗎？」我笑著說。我們都可能明天就死掉，三年五載世界什麼巨大的變化都有可能，光看新冠疫情對世界帶來的影響就知道了。

而我們必須提醒自己，無論希望也好、夢想也好，就是「不確定性」的同義詞，所謂的「很有希望」，就是「很有不確定性」。重要的不是目標能不能實現，而是在這追尋的路上，我們是否每個當下、分分秒秒都心滿意足。

擁抱世界的不確定性

我感謝在世界盡頭的科隆群島，每個不確定相遇的人類、動物、海中的生物、天上的飛鳥，在我們相遇的時候所教我的事；就像從南極北上的寒冷洋流，帶著袖珍的企鵝，在赤道與鯨鯊相遇。

這裡的海洋能見度很低，不像馬爾地夫般清澈美麗，卻代表著海水中充滿了各式各樣的生命和養分。而微小的我，揹著十五公升的高壓氣瓶，穿著七公釐厚的潛水衣，短暫而勉強地努力窺探著在陸地上、在人間難得一見的風景。

鯊魚的牙齒在海裡咀嚼小海獅的身體，自然裡從來沒有是非、對錯、好壞的區分，那些都是關於「道德」的討論，換言之：人類對於「善」的執念，從來無關宇宙混沌的至「真」與至「美」。而「至善」是什麼？或許更接近老子所說的「天地不仁，以萬物為芻狗。」至於那些以自我為中心的善念，或是以人類為本位出發的善行，從來就不曾靠近「至善」——南美海獅在科隆群島對於潛水員保持的距離、懷疑的眼神，就已經說明了一切。

我想我知道了，在這個世界上我真正想成為的人，是一個有能力、但是無用的人，懷抱著希望，擁抱世界所有的不確定性。這樣的我，永遠不會對世界失望。

接受吧！不要對抗

你不可能挑戰珠峰，只能挑戰自己。
你不可能征服珠峰，只能征服自己。
人生所有的努力，
都是為了在更高的地方遇見你——那個未知的自己。

——李曉林（登山家）

慶祝失敗的人

許多人活得很累，因為他們每天都覺得自己在跟全世界對抗。

但是對抗真的很重要嗎？我試著隨時保持跟自己在一起，難道是在對抗嗎？我專注呼吸的時候，也沒有在對抗啊！讓自己變成別人的同伴，而不是競爭者，也不需要對抗啊！換句話說，生命中重要的事，都不是在「對抗」世界。

而且恰恰相反，是在學會「接受」世界。

如果一個人真看懂這個世界，成為一個有能力的人，而不是一個有用的人，那麼他也會懂得選擇慶祝失敗，而不是慶祝成功。

因為一個懂得慶祝失敗的人，才算看懂人生、看懂世界。慶祝瞬間的成功是容易的，但是慶祝持續的失敗，接納自己的失敗，直面失敗，卻需要莫大的勇氣。

我的朋友李曉林是個從學術界登出的連續創業者及天使投資人，但是我最羨慕他的身分，是登山家，他已經連續登頂馬納斯魯峰（八一六三米）、慕士塔格峰（七五〇九米）、阿空加瓜峰（六九六一米）、羅布崎峰（六一一九米）、玉珠峰（六一七八米）

等。二〇一九年五月，我人到尼泊爾，在直升機上為他挑戰珠穆朗瑪峰（珠峰）加油。十四日時，他成功登頂了洛子峰（Lhotse），那是海拔八五一六公尺，位於中國和尼泊爾邊境珠峰以南約三公里處的世界第四高峰。一個星期後，五月二十一日登頂珠峰。

他在臉書上報平安的發文上是這麼寫的：「除了臉頰凍傷，沒有其他傷害，感謝珠峰接納。」

「感謝珠峰接納」這六個字，讓我的心靈如此撼動。

就如同喬納斯．薩爾斯吉勃（Jonas Salzgeber）在《斯多葛生活哲學55個練習》這本書裡面說的：「大自然太複雜了，人無從知道發生的事究竟是好是壞。你永遠無法預知不幸會有什麼結果，你也永遠無法預知好運會有什麼結果。因此，我試著接受一切，當它是我自己的選擇。這麼一來，我便從一個滿腹牢騷的受害者，轉變成一個負責任的創造者。」

接受，而不是對抗。

古希臘哲學家斯多葛的接納，強調我們不應該期待現實有所改變，而要接受它原來的樣子。所以他說：「倘若這是大自然的意旨，那就這樣吧。」

我們必須認知到，有一個比我們更為強大的力量，我們無法掌控周遭所發生的一切，無論我們根據自己的宗教信仰或是文化，把這個力量稱為神、大自然、命運，或是緣分，其實都是一樣的概念。

斯多葛認為如果我們抗拒現實，才會認為現實對我們不利。而苦惱，就是我們試圖對抗既成的事實。

心甘情願接納發生在我們身上的外在事件，就是接納的藝術。

愚笨的人總在跟現實作對，跟命運拔河。

但是聰明的做法是：接受現實，然後專注在自己力所能及的事情上。

最後的贏家

喜歡網球賽事的運動迷都知道，職業網壇比賽的籤表分配看似複雜，其實說簡單也很簡單，就是那幾個固定位置，只是靠著抽籤來決定會被分配到哪個地方而已。簡單當中也藏著一些小細節，有時候抽籤完畢之後會遇到一些突發狀況，例如種子或者非種子選手退賽（還可以再細分為會外賽開打前退賽或者會外賽已經開打、會內賽開始或者還沒開始之前），還有原先沒報名的選手後來拿外卡參賽，但是因為排名夠又可以名列種子選手等，都會使得最後的籤表呈現出不同的樣貌。

但是一個職業網球選手的特徵在於，不管抽籤結果分配的對手是誰，他總會將自己發揮到極致。最後的贏家，永遠不會是那個看似抽籤結果最幸運的人，而是那個無論抽籤的結果如何，都覺得無關緊要的人；不去評斷，心平氣和地看待，全然接受的人。

柬埔寨華人和越南裔的二十四歲法國女選手譚恩（Harmony Tan），是排名世界一百一十五名的非種子球員，在二〇二二年首次參加溫布頓網球錦標賽，結果抽籤在第一輪比賽中，必須面對復出的前世界球后、美國女將小威廉絲（Serena Williams），小威廉絲曾七度在溫網封后，這是她在受傷一年後重返溫布頓的首戰。對於一個第一次參加溫布頓的選手來說，第一場比賽就要面對前世界冠軍，加上她自己也有腿傷，壓力之大可想而知。但是譚恩總共耗時三小時十分鐘，以七－五、一－六、七－六（十－七）的超級搶七大戰，擊敗了對手，毀了前球后有如浴火鳳凰傷後復出的劇本，成為小威廉絲自二〇〇二年法網以來職業生涯歷時最長的一場比賽。譚恩不但一戰成名，這場比賽甚至被譽為「史詩般的大戰」。

但是很多人不知道的是，譚恩雖然進入到第四輪，創下自己在大滿貫單打的最好成績，但也引起最大的爭議。因為在對小威廉絲那場馬拉松比賽的十小時後，也是在她要參加表定女子雙打首輪比賽的前一個小時，突然宣布因為腿傷退賽。這讓她二十七歲的德國搭檔科爾帕奇（Tamara Korpatsch）在社群媒體ＩＧ上用強烈的情緒發文，表達了她對譚恩的憤怒和失望，甚至怒嗆譚恩「太不專業」。因為一旦抽籤完成，就沒辦法更換搭檔，譚恩退賽意味著科爾帕奇也被迫退出原本應是她首次參加溫布頓雙打比賽的機會。後來她們兩人的位置，被希臘的格拉瑪蒂科普魯（Valentini Grammatikopoulou）和她的泰國搭檔普利佩契（Peangtarn Plipuech）取代。

譚恩因為意外勝出，為了保護自己可以繼續單打晉級，即使是預防性地選擇退出雙打，也不難理解。

二十七歲終於踏上溫布頓的科爾帕奇，因為搭檔退出的決定，讓她意外結束了今年的溫網賽事，以運動員短暫的職業生涯來說，不知道還能不能有下次，她說「她（譚恩）今天早上才剛給我發短訊。讓我在比賽開始前一小時還在這裡等。我很傷心、很失望，也很生氣，我不能打我的第一個大滿貫雙打賽。這對我來說真的不公平。」這種心情完全可以理解。雖然科爾帕奇就算當天上場，也不意味著會贏得比賽。

因為在賽前一刻，突然取代退賽者的希臘選手和泰國選手，面對措手不及的命運，在這第一輪的比賽中就輸給了烏克蘭跟羅馬尼亞對手，也匆匆結束了在溫布頓場上的出賽。

譚恩在第四輪單人賽輸球後，對記者是這麼說的：「首輪對上Serena真的是非常令人感動，那之後我就只是一場場打，試著走得更遠一點。今天打得真的很好，我不知道，可能是因為在白天比賽吧。」

至於面對雙打搭檔的憤怒指責，譚恩的回應則是這樣的：「我不想在沒有百分之百準備好的狀態下上場，我知道她很生氣，但這就是人生。我有收到她道歉的短信，但我不太喜歡這種事，所以沒有回覆。」

譚恩說「這就是人生」，我想她是一個懂得真正接受命運，而不是對抗命運的斯多葛信徒。因為斯多葛也會這麼說：「不要抗拒現實，而要讓你的意志和它取得和諧，然後專注在你力所能及的部分。」

逆來順受並非消極退讓

斯多葛學派認為我們無法決定自己會拿到好牌或爛牌，只能決定自己想不想打好這一局。你在牌局或人生中拿到的籤，都要能夠平等地看待它們。如果我們做到這點，能夠接受而不是抗拒發生的事，那麼就不會被無常的世事左右。

事實上，我合理懷疑發明燈泡的愛迪生，也是斯多葛派的。

愛迪生六十七歲的時候，據說有一天他在實驗室忙了一天終於回到家中，吃完晚餐以後，有人跑來緊急通報說幾英里外的研究室發生了大火。愛迪生跟兒子趕到現場，發現因為研究室有很多易燃的化學製品，所以消防車根本止不住火勢，黃綠色的火焰竄上高空，眼看他大半輩子的心血就要摧毀殆盡。

沒想到愛迪生不但沒有哀傷或憤怒，反而接受了事實，馬上告訴兒子：「你趕快去把你母親和她那票朋友叫來，她們再也看不到這麼壯觀的大火了。」

實際上，在火災的第二天，他就回到研究室，著手重建被火災毀壞的部分。

我幾乎可以確定，愛迪生的逆來順受，並不是消極退讓，而是斯多葛的「接納」。

李曉林說得極好：

「你不可能挑戰珠峰，只能挑戰自己。

你不可能征服珠峰，只能征服自己。

人生所有的努力，都是為了在更高的地方遇見你——那個未知的自己。」

實際上，在李曉林成功攻頂珠峰的隔天，從峰頂下來的途中，就有兩位來自印度的女性登山者因為撤退不及而罹難，堵死在寬度只有一米多的頂峰附近，其他超過兩百人為了下山，都必須踩著她們的屍體通過。這讓我不由得思考，如果攻頂叫做「成功」，為了成功耗盡全力，結果下一分鐘就要付出生命作為成功的代價，這樣的成功，值不值得我追求？

隔年，我在《南方周末》雜誌上看到一篇報導文學，解答了我的疑惑，篇名叫做〈珠峰登頂者和那些曾「走到一半的人」〉。最觸動我的是，這篇文章裡接受採訪的所有人，無論攻頂成功的還是失敗的，談起大自然時，親歷者們每一個都顯得謙卑、內斂，沒有任何一個人如外人想像中，輕輕鬆鬆脫口說出「人定勝天」這四個字。成功登頂的，大多覺得能登上珠峰靠的是「運氣」，中途倒下的，多認為珠峰還沒有「接納」自己，這個用詞跟我的朋友李曉林一模一樣。「你不是去征服自然的，你是去認識它。」把這些登山家的故事改編成電影劇本《攀登者》的作家阿來，則是對記者這麼說。

勇氣從何而來？

這篇報導裡我特別注意到兩個人物，一個是原本要成為第一個攻頂的女性登山隊員藏人桂桑。當時是一九七五年，好不容易到了八千三百公尺營地休整，補充能量，準備第二天登頂。桂桑脫掉厚重的靴子，燒了一壺熱水，正在養精蓄銳，帳篷外風雪呼號。水開時，一名隊友恰好進來，湧進來的狂風掀翻了燒水壺，沸水剛好潑在桂桑腳上，燙傷的她不得不放棄這次攀登。但是即使事隔將近五十年，一說到這件事情，她還是淚流不止。

阿來在西藏採訪後來成為職業登山家的桂桑：「這些年妳不是都在登山嗎？登了那麼多八千公尺以上的山，珠峰也不止上去過一次，為什麼每次說到這件事妳還要哭呢？」

「但不是第一次的那座珠峰了啊！」桂桑回答。

另一個人物是夏伯渝，進入登山隊前是一名足球運動員，他二十六歲的時候嘗試攻頂，但是連續兩次失敗後，只好和隊友們從八千六百公尺緩慢下撤。因為隊友的睡袋不小心掉了，他把自己的睡袋讓給隊友，自己在零下三十度的帳篷裡挨凍一整夜，他的雙腳當晚凍傷壞死，在等待截肢的病床上，夏伯渝聽到登頂成功的新聞廣播，珠峰從此成為他最大的心結。三年後，他裝上了義肢，不能踢足球，他成為職業身障運動員，參加輪椅籃球、輪椅乒乓球，但是他仍然心繫登頂珠峰，不斷地進行訓練。二〇一四年，他已經到了山腳大本營打算上去的時候，尼泊爾發生傷亡最慘重的雪崩，只好放棄。隔年二〇一五年，到了大本營，尼泊爾發生芮氏八・一級大地震，誘發雪崩造成更多人員傷亡，又再度放棄。終於到了二〇一七年，他已經攀登了八千多公尺，離頂點只剩九十多公尺時，卻又遭遇暴風雪，攻頂再度失敗。隔年二〇一八年，夏伯渝終於被珠峰「接納」了。他說原本以為登頂的那一刻，自己會非常激動，但是真正登到頂峰的時候，根本就沒有一點非常激動的想法，只看著遠處白雲一朵一朵，像一座座小山峰，被陽光照得散發出金黃色光芒，很美，看著看著，有些發呆。

「這就是我四十三年來想要站到的地方。今天終於上來了。」轉眼已經七十歲的夏伯渝平靜地說。

這些故事，讓我忍不住想向所有前仆後繼，追尋美好生活的痛苦人們致敬。讓我們向接納痛苦的自己致敬，也對接納我們的人生致敬。

這是為什麼我在這章的一開始這麼說：如果一個人真的能看懂這個世界，他應該會選擇慶祝失敗，而不是慶祝成功。

解除我們害怕被批評的心理

Jessica Wood是一個二〇一四年起定居芬蘭的英國人，她曾經發布過一篇文章，標題是「為什麼芬蘭有一個國家失敗日？」大意是，十月十三日是芬蘭的「失敗日」，起源於二〇一〇年，芬蘭大學生發現，雖然市場上有很多充滿挑戰的新企業和新工作，但自認「不夠好」的恐懼，阻礙了許多芬蘭年輕人去追求這些工作。他們因此特地舉辦了首屆「失敗日」活動，結果很快在芬蘭國內引起了廣泛的關注。諾基亞董事會主席Jorma Ollila、憤怒鳥（Angry Birds）的創作者彼得・韋斯特巴卡（Peter Vesterbacka）和男子冰球隊教練尤卡・亞洛寧（Jukka Jalonen）等芬蘭社會知名人士都表態支持這個節日。到現在許多芬蘭藝術家、媒體名人和政治家繼續支持這個節日，並在官方網站上分享自己如何把失敗變成勝利的故事。

芬蘭人為什麼要慶祝失敗？其實芬蘭社會跟華人社會很像，對於失敗是充滿排斥、不認可的。對成功的渴望，造就了芬蘭許多有才華的人，雖然取得了很多成就，但也讓其他人感到自己能力不足，害怕嘗試新事物。所以失敗日的組織者強調，犯錯是生活中正常和健康的一部分，它會走向成功，而不是減損成功。

每年的失敗日，主辦者會特地邀請知名人士和成就卓著的人發言，解釋他們在自己的成功之旅中遇到的挫折，以及他們如何從失敗中學習的故事，鼓勵更多人去嘗試新的或困難的事物，而不去擔心後果，幫助人們有信心地走出舒適圈。活動參與者也會在網路上分享自己失敗的故事和照片，並在社群媒體上標註「#dayforfailure」，解除我們害怕面對別人批評的傾向——無論是離婚、落榜、生一場大病、被喜歡的人拒絕，或是像「婦仇者廚房」那樣展現慘不忍睹的燒焦蛋糕。

失敗為成功之母，說穿了，還是重視「結果」、忽略「過程」的說法。

芬蘭失敗日值得學嗎？

我在哲學諮商中，面對追求成功、無法忍受失敗的客戶時，時常會告訴他們這個芬蘭失敗日的故事，同時問他們，「失敗日」是否值得仿效？為什麼？

很多人想都不想就說：不值得，因為成功才值得關注慶祝，失敗有什麼好慶祝的？

也有些人思考之後說：值得，因為可以想想如何從失敗中學習，並將其轉化為成功。

但是，用「失敗為成功之母」來解釋失敗日，犯的邏輯錯誤是：如果為了成功的「結果」，所以慶祝失敗日，那麼這樣的失敗也只是臥薪嘗膽、認為自己是在通向成功的「過程」，並沒有真心接納自己跟自己的失敗。換句話說，這兩種說法的人，其實都是注重結果，而忽視過程的。

有一次，一位哲學諮商客戶告訴我，她真心認為芬蘭失敗日是值得仿效的。至於失敗會不會帶來成功，其實一點都不重要。她說明自己之所以會有這樣的想法，是兒子七歲那年，有天晚上她在做蛋糕，因為是第一次做，結果原本以為很簡單的蛋糕，竟然從晚飯後做到快半夜了還沒做好，對此特別頹喪。

「早知道要這麼久，我就不做了。」她記得自己出聲抱怨道。

但是七歲的兒子卻說：「媽媽，妳難道不認為這是一件好事嗎？要是沒做過，怎麼會知道做蛋糕要這麼長的時間呢？」

她說，兒子雖然年紀很小，聲音很小，這句話卻讓她醍醐灌頂，讓她看到自己每每會頹喪、會抱怨，都是因為很注重「結果」造成的。

我們每天的日常生活，每個角落都出現各式各樣的「成功學」，不只「成功的話術」，就連穿衣服都有「成功的穿搭」，過於追求成功的觀念已經讓大家越來越焦慮。一〇八課綱、教育改革面臨的阻力，就是非常典型的例子。為了讓孩子學業成功，事業成功、婚姻成功，大家奮力去追求，結果整個社會都很疲憊。

「大人們通常不能坦然接受自己的失敗，更不能夠接受孩子們的失敗，彷彿孩子是為自己來這個世界雪恥的。當父母把孩子生下來，彷彿這個孩子就會背負著重責大任，必須成為一個完美的人，萬一考試考了倒數，把家裡弄得亂七八糟收拾不好，或是一次又一次把碗打翻，這一個個小小的失敗，都讓父母覺得是不能容忍的，卻似乎忘記了失敗本來就是成長、生活應有的樣子。」這個真心認為失敗日是個好主意的哲學諮商客戶這麼說。

她的反思，有如美麗的音樂，敲擊著我思考的深處。

「成功」只有一瞬，「失敗」才是真實長久的

「成功」基本上只是一個短暫的瞬間，而成功除了努力，還要有很好的運氣，偶然和巧合對成功有著絕對重要的作用。因為從邏輯上來說，鹹魚確實有翻身的一天，但翻身後應該還是鹹魚，不會變成一條飛龍。

還有，既然比你優秀的人都還在努力，那麼你努力其實不會有太大用處，要不就是他們成功，要不就是跟他們一起失敗。總之如果你比優秀的人更成功，那當然是運氣好，但

運氣是不可控制的。

而「成功」這一美妙、好運的瞬間之前，那漫長的過程，其實都是定義中的「失敗」。這麼說來，失敗才是真實，長久的。

不斷追求成功的「結果」，是不理性的，因為人生除了死亡，並沒有什麼稱得上是結果的東西，而死亡應該不是一般人追求的成功。人生在世，其實就是漫長、失敗的過程而已。

仿效芬蘭「失敗日」，並不能幫助我們解決問題、走向成功，卻可以幫助我們看清生命的本質，學會接納自己，保持獨立的思考，擁有思辨能力。

我們早就有「慶祝失敗日」了？

發現了芬蘭失敗日後，身邊有些朋友彷彿如獲至寶，急著要在國內推展，我都會澆一盆冷水說：其實不用費事學芬蘭，我們早就在慶祝失敗日了，只是自己不知道而已。

這個失敗日，叫做「中秋節」。不知道你是否清楚中秋節日的由來，早在變成今天的烤肉節之前，中秋節根本就是在慶祝嫦娥、后羿失敗的婚姻。

關於嫦娥奔月的故事，版本很多，但是基本上不脫這個模式：相傳在遠古的時候，天上突然出現了十個太陽，晒得大地直冒煙，民不聊生，於是有一個力大無比的英雄后羿，決心為老百姓解除苦難，就登上崑崙山頂，用神弓一口氣射下九個太陽。

崑崙山上的西王母送給后羿一顆長生不老的仙丹，吃了還可以升天成仙，可是，后羿不願意離開美麗善良的妻子，就讓妻子嫦娥將仙藥藏在百寶匣裡。但是仙丹的事被弟子逢蒙知道了，一心想把仙丹弄到手。八月十五這天清晨，后羿要帶弟子們出門去，逄蒙假裝生病，留了下來。到了晚上，手提寶劍闖進后羿家裡，逼嫦娥把仙丹交出來。嫦娥心裡想，讓這樣的人吃了長生不老藥，不是會害眾生嗎？逄蒙在她家翻箱倒櫃，四處搜尋，眼看就要搜到百寶匣了，嫦娥情急之下一口把仙丹吞了下去。

嫦娥吃了仙丹，突然飛了起來，飛出了窗子，飛過了滿月照耀的大地，越飛越高，一直朝著月亮飛去。后羿外出回來，發現嫦娥不見了，焦急地衝出門外，只見皓月當空，圓圓的月亮上樹影婆娑，玉兔在桂樹下跳來跳去，而嫦娥正站在一棵桂樹旁深情地凝望著后羿。之後，想念好心嫦娥的鄉親們，每年八月十五，就在院子裡擺上嫦娥平日愛吃的東西，遙遙地為她祝福。從此以後，這一天就成了人們企盼團圓的中秋節。

當然，嫦娥奔月還有好幾個版本，包括「貪心的嫦娥拋夫獨吞仙丹版」，也有「后羿贈藥版」，還有后羿性格暴戾，濫施苛政，嫦娥怕后羿吃了長生不老藥，人民長期要在他的殘暴統治下受苦，所以自己吃掉的「拯救黎民版」。甚至還有「渣男后羿版」，是說后羿成為射日英雄後，對嫦娥不忠，和河伯的妻子發生曖昧，嫦娥一氣之下就離開后羿，離家出走跑到天上去了。

無論哪一個版本，都挺莫名其妙的，但簡單來說，中秋節都是慶祝嫦娥和后羿失控的婚姻，這點是不會錯的。所以也不用特地學芬蘭，我們就有現成的失敗日了，只是我們沒意識到而已。

如果你問我的話，我會覺得慶祝芬蘭失敗日，可能比慶祝中秋節要正常一點，但是節日不是我訂的，所以我就不在這裡多嘴了。

失敗的人，不會處處失敗；正如成功，也不會一直成功

在線上遊戲這個領域裡，有一家知名的芬蘭公司超級細胞（Supercell），我特別喜歡的就是Supercell會為他們失敗的項目開香檳，讓團隊意識到失敗並不是一件多麼可怕、可恥的事情，反而是非常值得慶祝的事情。

在討論芬蘭失敗日的時候，有一個朋友說她小時候因為未足齡上學，和別的孩子差兩歲左右，所以一直是班上個子最小的孩子。一般來說學科沒有問題，都能跟上，但是到了體育課就很頭疼，無論跳遠還是跑步，只要每次體育考試就不合格，每次都失敗。

「我的父母、老師好像都接受了這件事。」她回憶這件事，「可能是因為大人都只注重學科成績，所以在體育不行這件事上寬容了我。但是如果說誰沒有接受，可能是我自己和我的同學。

「他們都覺得我真的弱爆了，我也覺得自己可能天生體育很差。不過也僅此而已。直到四年級的時候，發生了一個戲劇性的變化。那個時候的小學校運，是按年齡組來比賽。新來的體育老師不知怎的靈機一動，讓我按照實際年齡和二年級的同學一起比賽。雖然覺

得老師的想法有些荒誕不經，我一個體育這麼差的人，怎麼可能參加校運？但我還是去了，讓從小一直只能在賽場上坐冷板凳的我，充滿了驚訝與新奇的感受。結果，連我自己都沒有想到，和同年齡組的人一起比賽自認為最不拿手的跑步，我竟然跑得一騎絕塵，不費吹灰之力拿了第一名！」

最誇張的是，從那次以後，她竟然還進了校隊，而且成了長跑健將。

真正讓我這位朋友接受自己的，並不是因為跨年級比賽得了冠軍。而是這件事使她意識到，原來表現得好還是不好，並不是一件固定不變的事。作為一個在自己班上總是跑最後一名的孩子，卻可以在另外一個場合，被認為有傑出的表現。也就是說，一個「失敗」的人，換了一個環境，並不見得會遭遇「失敗」；而一個「成功」的人，換了個環境後，表現也並不一定會「成功」。

「雖然生平第一次跑步拿第一名還是很開心，但是我從此對於在一個狹小天地裡跟人『比較』失去了興趣——無論結果是成功還是失敗。」

我要強調的是：停止對於「比較」有無止境的執念。因為我們慶祝失敗的同時，也在提醒自己這個世界很大，而「我」很小，不需要讓一個狹小天地裡的成功與失敗，定義

「我」的價值。

我不知道你怎麼想，但我希望自己是個記得一直慶祝失敗的人。因為這樣的我，總能有滋有味地活著。

美好生活長怎樣？

我努力把我從他人的支配中解放出來，
反過來也力圖控制他人，
而他人也同時力圖控制我。

——沙特

奧斯卡的斷食和健行

我天生反骨的法國哲學老師奧斯卡，決定為自己創造一次不同於尋常的經歷，於是他參加了為期一週的「斷食健行營」，主辦單位是法國一個專門舉辦這個活動、相當有名的全國性組織。

奧斯卡說他有好幾個參加的動機。首先，他記得爺爺是一個和藹可親，也喜歡吃很多東西的人，他在世的時候總是定期參加這個活動，現在奧斯卡覺得自己已經到了他的年齡，也應該嘗試一下，體驗看看爺爺為什麼會這麼喜歡這個活動。

其次，奧斯卡本來就喜歡健行，多年來每天下午在法國孛艮地的鄉村小徑，一邊健行一邊思考，已成為他日常生活中重要的一環，感覺這是對身心健康很好的活動。

第三，奧斯卡意識到自己貪吃，對食物有一定的強迫症，這導致他變得過重。

第四，奧斯卡作為一個哲學家，喜歡解構「需要」的概念，因為他觀察到這種概念，往往是讓人痛苦的原因：人們構建了這樣的「需要」，它們是如此令人信服，很難不相信那些充其量只能被稱為「想要」的「需要」其實並不是真的，讓自己變成了「需要」的奴隸，這是焦慮的典型來源。

基於這些理由，從小不喜歡團體活動的奧斯卡，報名了這個斷食健行營隊。我則是看到最後一點原因，就有了不祥的預感。

一開始的時候，奧斯卡相當滿意，因為這個地方很舒服、很漂亮，每個人有一間獨立的小木屋，奧斯卡帶著他的狗一起參加。奧斯卡在參加之前，已經預見了在體力不好的情況下，思考力應該也不太好，所以對於原本的閱讀和寫作計畫，沒有抱著太大的期望。整個營地沒有電力供應，小木屋面向田野。主辦單位非常專業，為參加者安排了一個資深的輔導員。學員每天早上只能喝一杯果汁，晚上喝一碗肉湯，在這之間則要不停喝很多水。行程表上有一些固定的運動時間，呼吸方法的練習、瑜伽，以及三溫暖、蒸氣浴，奧斯卡的狗則可以整天追兔子跟睡覺。

哲學思考也是一種排毒啊

整體來說，奧斯卡覺得這是一個相當有趣的個人經驗，他很驚訝地發現，除了一些身體覺得虛弱的時刻，他的身體對這個斷食營有相當正面的回應。但是對於不得不跟奧斯卡一起參加的學員來說，我就不那麼有信心了。

奧斯卡事後描述關於這個營隊讓他不愉快的部分，主要是跟心理、存在或文化環境有關。奧斯卡加入一個行之有年的活動框架，但是作為一個反骨的哲學家，他是抱著想要「解構」這些人的「需求」而去。這讓我想到從古至今的戰爭總是這麼開始的，俄羅斯應該也是真心真意想要「武力解放」烏克蘭，誠心幫助烏克蘭看到自己一直想要進一步獨立的「需求」，根本不是真的。

果不其然，奧斯卡很訝異地發現他這種想要「解構需求」的想法，完全不被這個既定的框架所接受。

因為整整一週，無論是組織者還是參與者，大家討論和關注的主題都是食物、飲食、烹飪、如何準備特定食材，還有交流特殊的異國食物等。

「對傳統消費主義的批評似乎正在被取代。這是一種新型的消費主義，痴迷於有機、自然、健康等。我完全可以理解這種關注，但是我不能理解的是，除此之外，任何其他類型的討論完全不受歡迎。」奧斯卡在日記裡這麼說。

奧斯卡熱切想要大家清醒過來，看清楚萬惡的消費主義，正在啃食著他們的思想，可是這顯然讓奧斯卡變成了不受歡迎的異端。

奧斯卡發現，消費主義創造出來的「需要」，是完全壓倒性的、無所不在的，需要用哲學來拯救。

奧斯卡認為，大家與其整天討論這些無腦的陳腔濫調，為什麼不來討論一些哲學或存在主義，甚至心理學的討論，都比談「吃」更好。結果他發現自己完全踩到別人的禁忌，每次他只要一嘗試，就是遭到大家無視，或是被憤怒地禁止。

「我是唯一一個一直嘗試跟他們思考對話的人，結果他們甚至指責我『有毒』（toxic），還說這個營隊的主題就是在『排毒』，所以我就被排斥了。我想我們對『有毒』的定義並不相同。」奧斯卡很驚訝地說出他的觀察。

其實覺得驚訝的，應該只有奧斯卡一個人吧？我完全可以想像營隊其他學員的白眼，大概已經翻到眼窩背後了。

對自己的生活不滿意

這個營隊每天早上都有一個聚會的儀式，在那段時間，每個參與者都有時間表達自己的感受和擔憂。每天早上，參與者都會聽到其他學員各種各樣的身體抱怨：背疼、失眠、噁心等。而奧斯卡顯然是唯一一個每天對自己的身體都沒有什麼抱怨的人，理所當然地認為自己可以利用這個時間來發表演說，抒發個人想法，包括要大家哲學思考，不要被消費主義蒙蔽等等觀點。這當然很快就讓奧斯卡成為團體裡最不受歡迎的人，因為他日復一日、苦口婆心地發表這些觀點。

奧斯卡跟這群人每天醒著的時候都在一起，所以作為資深的哲學諮商師，他可以看到有些學員正在經歷一些心理危機，甚至瀕臨爆發邊緣，但是既然沒有人要他說話，他也就決定不要強迫對話。這點我覺得奧斯卡是睿智的，因為如果奧斯卡強迫對方和他進行蘇格拉底式對話，就像他平常跟學生做的那樣，說不定會我們會在新聞上看到匪夷所思的法國夏令營「喋血案」。

奧斯卡另一個抱怨是，這個營隊雖然名為「健行」，但是只有其中一天算是認真地健行，其他時候充其量只是提供了一點散步，而且認真健行那一天，大多數人都沒有參加，參加的一直抱怨太累。每天有在鄉間步行十公里習慣的奧斯卡，覺得這些人未免太像小屁孩，明明自己才是整個營隊年紀最大的成員，比他年輕的人卻拒絕挑戰體能極限，真是太可恥了，奧斯卡認定這就是「消費主義」中毒的症狀。

所以奧斯卡對於這次體驗的結論是什麼呢？他說這讓他想起了古希臘哲學中「askesis」（苦行、禁慾、自律）的重要性，這才是通往身心健康的途徑。如果只是以人為的方式鍛鍊，像是刻意的斷食，作為另一種自我感覺良好的形式，那僅僅是落入消費者行為的圈套，包括瑜伽、冥想，都已經被消費主義簡化為一種暫時的、局部的，以及膚淺的活動，不像哲學，是全面性從根本去挑戰一個人存在的方式。最後，奧斯卡說他低估了「平庸」作為地獄的一種形式，這解釋了為什麼斷食健行營裡的大多數人，對自己的生活感到痛苦或不滿意，他們並不知道為什麼如此焦慮，同時陷入「自欺」，試圖對自己隱藏這個現實。

作為一個看戲的旁觀者，我想起沙特說的「他人即地獄」，他說得一點都沒錯。

奧斯卡這個有趣的體驗，讓我重新去思考，到底什麼叫做「美好生活」？

在NGO的工作中，我看到緬甸軍政府在二〇二一年初軍事政變奪權之後，讓脆弱的民主幼苗凋萎，民間發起公民不服從運動，但是遭到軍政府的血腥鎮壓，國內的內戰情形也再次變得緊張，加上新冠疫情的流行，可以說是雪上加霜。無論是有錢人還是難民，包括我身邊許多親近的人，都過著噤若寒蟬的生活。

我的緬籍同事，有的為了避免追殺，必須逃離家鄉，到戰區接受叛軍保護；有的接受外國政府或人權組織的安排，以政治庇護、難民或是接受醫療為理由，甚至付錢給人蛇集團冒險偷渡，到國外避難，近者泰國，遠到北歐瑞典都有。這讓我思考一個已經很多年沒有想過的問題：在什麼情況下，我會決定離開家鄉，成為一個新移民，甚至是一個難民？

最近我在曼谷收到一個不尋常的諮詢請求，來自被緬甸軍政府羈押判刑十四年的某高官的家人。

二〇二一年二月一日，緬甸軍政府在大選後因為不滿選舉結果，叛變奪權，推翻翁山蘇姬（Aung San Suu Kyi）所領導的全國民主聯盟（NLD）政府，許多政府官員也因此跟著鋃鐺入獄，到現在還沒有被釋放，包括這位中央級高官。

由於許多前翁山蘇姬政府被羈押的幕僚，在問罪求刑的時候，會被軍政府以迫害家人作為威脅，因此這位官員也安排他的家人離開緬甸，以免受到牽連。這位官員一家人因此以東協國民進行醫療的名義來到曼谷，但是他們的泰國簽證即將在二月底到期，因此輾轉聯絡到我，找尋可以長期合法居留在泰國的方法。

無論是這一家緬甸人，或是奧斯卡參加的斷食健行營裡的成員，每個人其實都在追尋可能不存在的「美好生活」。

追求新生活的渴望

其實自緬甸軍政府奪權以來，從緬甸離境到各國以難民身分尋求政治庇護的緬甸公民為數眾多，其中有少數確實面臨很大的危險，但是大多數人其實並沒有比留在緬甸境內的公民更不安全，也沒有回緬甸後遭到判刑的可能。所以對於緬甸公民有直接接觸的大使館、國際NGO組織，形成一個「除非是明顯而立即的危機，否則不積極介入個案」的默契。

這位緬甸高官的家人，看來也屬於這一類。他們未申請政治庇護的原因，是家屬擔心如果動作太大，反而對在監獄中的這位官員不利。前一陣子，這位官員在獄中確診新冠肺炎，家人經過一番賄賂，才透過醫生送藥進獄中。所謂大動作造成的「不利」，並不是會被刑求、毆打虐待之類的，而是會失去一些像這種用錢可以買到的獄中特權。

這位從小就被母親積極培育成未來政治領袖的高官，國際友人很多，家境也並非一般。所以在尋求居留泰國的同時，在新加坡、美國、日本甚至台灣也都鋪路，並且也可以回緬甸繼續生活，就近陪伴獄中的家人。雖然他們無論到哪裡，都可能受到海外或國內情治單位的監控，但絕非無處可去。

不是因為我決定不積極介入，就表示我認為這位官員受到的政治迫害是假的，或是這家人有錢又有關係，想要得到留在海外的最好選擇，是沒有意義、不值得同情的。他們也跟你我一樣，在追尋可能不存在的「美好生活」。

我想到我在溫哥華的老朋友辛西雅，她日常的工作是協助剛抵達加拿大的難民或是新移民——可能是來自阿富汗、敘利亞的難民，也可能是來自中港台或東南亞的華裔移民家庭——完成隔離檢疫，然後在語言跟文化不通的情況下，解決各種日常生活需求，比如去哪裡買清真食品，如何辦理銀行開戶，辦理手機號碼，找到合適的住處等等。

作為一個資深移民，辛西雅自己很清楚，雖然每個人決定離鄉背井，展開新生活的原因不一樣，但想要追尋心目中那個可能不存在的「美好生活」的想望，卻是共同的。

向「善」前進

我最近一次從瑞典的斯德哥爾摩回到泰國的時候，一降落曼谷機場，立刻馬不停蹄直奔，為的是與一位緬甸前政治犯見面。身為公民運動分子一身反骨的他，已經決定拒絕醫院的癌症治療，用自己的方式走完生命最後一程。所以他來到曼谷，再看一眼一九八〇年代初期跟隨父親外派時的曼谷，這個願望清單之一包括要見我一面，才願意回緬甸，一個人住進寺廟裡，走完生命的最後一段。知道這是我們最後一次見面，我無論如何也應該跑這一趟。雖然我不知道為什麼和我見最後一面，有這麼大的意義，但這不是我能夠、或是應該批判的，我只需要接受，並且覺得感謝。

但是我確實利用了這個機會，問他在人生的盡頭，對「美好人生」終極的反思。他是這麼說的：「我現在發現我父親當年說得沒錯，意識型態不值得捍衛，因為沒有任何政治制度是完美的，真正重要的是不斷地動態調整，朝著共同的『善』前進。」

我想我會永遠記得與這位緬甸公民運動夥伴在曼谷最後的會面，也謝謝他等我，告訴我他心目中美好生活的樣貌。

愛沒那麼重要，愛只是密碼

當融化的雪吧！
把你自己從自己身上洗刷掉。
Be melting snow. Wash yourself of yourself.
——十三世紀蘇菲派詩人魯米

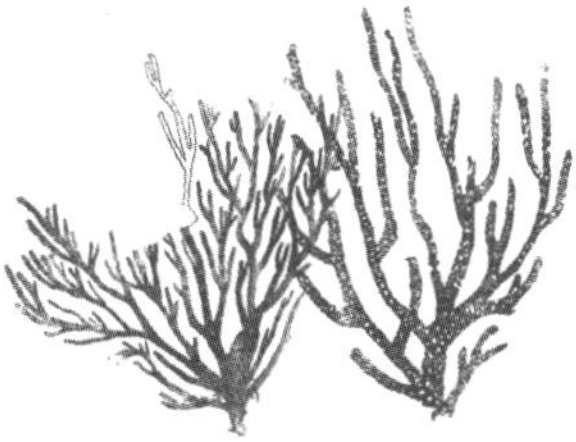

愛的終極目標

我們之中有很多人之所以無法受苦，無法過「美好生活」，是因為一個常犯的錯誤：我們總是太強調「愛」了。

我們以為愛是全部，其實「愛」是一組密碼，目的只是為了能夠通過認證，真正重要的是通過密碼之後的一整個人生。但是我們卻常常因為遺失密碼、太常更改密碼、太少更改密碼、輸入密碼錯誤太多次，以至於把關注都放在密碼這件小事上了，甚至成了「愛」的偏執狂。

愛的對象，可以是自己，是愛人，是家人，是社群，是國家。愛的共同目的，都是為了觸及我們心目中的「美好生活」。

但是每個人眼中的「美好生活」，卻有著不同樣態，無論是緬甸高官這一家人，我的緬甸前政治犯夥伴，或是奧斯卡參加的斷食健行營裡的成員，都會有不同的答案。就像奧斯卡眼中消費主義的地獄，很可能正是另一個人眼中的天堂。

關注國際人權的人，或許知道德國萊茵蘭－普法茲邦的科布倫茲（Koblenz）高等地方法院在二〇二二年一月十三日，裁定一名現年五十八歲的前敘利亞陸軍上校安瓦爾・拉斯蘭（Anwar Raslan）犯了有官方背景的酷刑罪，判處無期徒刑。這位原本在敘利亞軍方擔任大馬士革阿爾－哈迪卜（Al-Khatib）拘押中心負責人的軍官，犯罪事由發生在二〇一一年和二〇一二年敘利亞內戰期間。拉斯蘭被控要對首都大馬士革情報總局監獄裡至少四千人遭受的酷刑負責。他被指控監督審訊，使用的手段包括電擊、拳打腳踢、用鐵絲和鞭子抽打、強姦、性虐待、剝奪睡眠等酷刑，也對二十七人的死有直接責任。

拉斯蘭所犯的罪，雖然發生在敘利亞，但是德國檢察官之所以可以起訴，是基於「普世管轄權」原則。依據這個原則，各國司法機構均有權起訴外國人在他國可能犯下的戰爭罪。

從這個角度來看，美好生活必須是普世、公平正義的。

但是我們也不能忘記，這名前敘利亞軍官之所以放棄他的榮華富貴，二〇一二年底跟著其他逃避內戰的敘利亞難民輾轉到了歐洲，取得政治庇護，想要隱姓埋名重新做人，不也是為了追求他心目中的美好生活嗎？

無論我們認為的好人、壞人，有錢人、窮人，做的各種好事、壞事，其實都是在追尋自己心目中的美好生活。

美好生活的五種型態

你我也都和敘利亞難民、溫哥華的新移民、緬甸官員那滯留海外的一家人，甚至眾人眼中萬惡不赦的敘利亞軍官，或是對自己人民燒殺擄掠的緬甸軍政府一樣，都在追尋自己心目中的美好生活。只是我們以為的美好生活，有著不同的樣態。

根據不同的哲學家說法，所謂的美好生活，基本上有五種型態：

1. 美好生活就是很道德的生活

在哲學諮商時，我時常提醒客戶：當我們使用「好、壞」的時候，基本上就是表達道德上的認可跟否定。所以當我們說某人過得很「好」時，是一個「好」人，是在說他符合勇敢、誠實、值得信賴、善良、無私、慷慨、樂於助人、忠誠、有原則等等的特質。

有道德的人，擁有並實踐許多最重要的美德，不會花時間去追求自己的快樂，而是花很多時間進行有利於他人的活動，可能是透過他們與家人和朋友的交往，或透過他們的工作，從事各種志工活動或是奉獻自己的事。

蘇格拉底和柏拉圖都會優先考慮成為一個善良的人，勝過追求所有其他所謂的美好事物，如快樂、財富或權力。柏拉圖曾寫道，道德的目標是「成為神一樣的人」。而亞里斯多德認為，幸福是最大的善，是美好生活的根本。其他希臘哲學家也認同這一觀點，並將其視為生活的終極目標。其中一些人將幸福與快樂聯繫在一起，而且堅持認為，理性和自我控制才是實現最大快樂的根本。另外一些人把幸福定義為沒有痛苦，無論是在精神上還是肉體上，且崇尚由淡泊而遠離欲望中得到幸福。

對於許多思想家來說，個人的美好生活與其所處的社會和政治環境息息相關。為了實現和諧幸福，對欲望的節制和在利益衝突中獲得平衡是必不可少的，大多數主流宗教也都把美好生活跟道德劃上了等號。

2.美好生活就是很快樂的生活

古希臘哲學家伊比鳩魯曾經直言不諱地宣稱，是因為快樂才讓我們的生活更有價值。換句話說，快樂是使生活有價值的東西，它被稱為享樂主義。

在現代社會，「享樂主義者」這個詞用在一個人身上的時候有一點負面的含意，表示他們致力於一些人所說的「小確幸」，比如美好的食物、漂亮的衣服等一般感官的享受。伊比鳩魯被他的一些同時代人認為是在倡導和實踐這種生活方式。事實上，這是對享樂主義的一種曲解。

伊比鳩魯當然讚美各種各樣的快樂，但他並沒有主張可以迷失在感官中，因為從長遠來看，這樣做可能會減少快樂，並限制我們享受的快樂範圍。伊比鳩魯所謂的大快樂，比如友誼和學習、民族認同感等，也和小快樂一樣重要。

所以享樂的美好生活，還必須是高尚的。這種享樂主義的美好生活觀念，在西方文化中占主導地位，我們翻開廣告版面，就會看到美食、美酒、滑雪、潛水，在陽光下拿著雞尾酒，與俊男美女在無邊際的泳池邊過著悠閒的生活，蓋高尚。

這種享樂主義的美好生活觀念的關鍵在於它強調主觀體驗。在這種觀點中，把一個人描述為快樂，意味著他們感覺良好，而幸福的生活包含了許多感覺良好的經歷。

3. 美好生活就是實現度很高的充實人生

這種人的眼前，永遠有一張待辦清單。即使在生命的盡頭，這種人也有一張評量表：

美德：我有沒有道德良好？

健康：我有沒有好好照顧自己的身體健康、活得夠長？

繁榮：我有沒有富足，讓我離開的時候舒舒服服的？對亞里斯多德來說，這意味著，一個人不需要為了生活而工作，做不能自由選擇的事情。

友誼：我有沒有好朋友？根據亞里斯多德的說法，人類天生就是社會性的，所以有美好生活的人不可能是隱士。

如果這些都實現了，那麼這個人就會合理聲稱自己生活得很好，已經實現了美好的生活，他會刻意忽略內心深處那些懷疑的聲音。

至少亞里斯多德跟蘇格拉底都會說不。他們認為擁有美好的生活，必須客觀上是一個有道德的人。亞里斯多德用「實現」的程度高低來判斷美好生活。生活得好的意思是客觀主義而不是主觀主義。儘管內心感受很重要，但是相較之下，滿足客觀條件更加重要。

4. 美好生活就是（自己覺得）很有意義的人生

傳統上很多人鼓勵年輕人要生孩子，人生才「完整」，但是客觀來看，我們會發現有孩子的人，不一定比沒有孩子的人更快樂。只是，孩子雖然未必會讓人生變得更快樂，但似乎讓他們覺得自己的生活更有意義。所以我們常常會聽見父母說：「我一切的努力都是為了我的孩子。」

對許多人來說，家庭是人生意義的主要來源。但很顯然的，一個人的生活中，也可以有其他意義來源，比如育兒的奉獻精神，也可以用來從事科學研究、燒陶、養貓或種植多肉植物。

根據亞里斯多德的說法，我們都想快樂。我們重視許多事物，因為這些事物給了我們想要的東西，例如重視金錢，並不是因為金錢本身，而是重視金錢讓我們能夠買到想要的東西（包括權力），但幸福必須是我們珍視的東西，本身要具有內在價值，不是作為達到其他目的的手段。

因此，美好的生活就是幸福的生活。這種人自然用主觀的方式來看待幸福。如果一個人的心態是積極的，那麼他就是幸福的。如果大多數時候是這樣的話，生活就是幸福的。即使這個人整天無所事事、整天追劇、玩手遊，只要他有很多快樂的主觀體驗，我們就必須承認他們的生活是有意義的、美好的。

5.美好生活就是留下典範，讓人緬懷的人生

有些人追求死後留下典範（legacy），用大白話來說，就是輓聯上「典範猶存」四個大字，比活著更值得追求。

希臘人有一種說法：「直到他死了才叫人開心。」簡單來說，就是你平常毫不在意的過氣藝人，突然聽到他的死訊時，人們卻充滿了對他的懷念，甚至形容是「人間國寶殞落」；如果他沒死，這一切都不會發生。

因為活著的時候，即使這個過氣藝人看起來過著美好的生活，能夠檢查所有的盒子——美德、繁榮、友誼、尊重、意義等等，但最終卻被揭示為我們認為他們「不是」的東西。無論是去世後，才被譽為人間國寶，還是被發現是性侵兒童的累犯。

像這樣的例子顯示了客觀主義者的偉大優勢，而不是主觀主義者認為生活好的意義。過氣藝人活著的時候可能享有他的生活。但是，我們肯定不會說他過著美好的生活。一個真正美好的生活是一個令人羨慕、讓人欽佩的典範——但是這個人得先死才行。

你的人生是哪一種？你看懂了自己嗎？

如果你選的是1、3或是5，基本上你都在追求心理學上所謂的「自我實現型」的人生。這三種類型也會依照生命的歷程，慢慢地從1到3然後往5發展，當1不可得的時候，就會往3發展，得不到3的時候，就會自然朝著5去。雖然是實現自我，但使用的標準卻往往都是別人的評價，所以總是覺得痛苦。

至於如果你選的是2或4，基本上你是一個「快樂主義型」的人。當你得不到快樂的時候，就會不自覺地開始追求意義。這樣的人注重的是主觀的感受，但是追尋的卻又是無法主觀定義的「快樂」跟「意義」，所以也覺得痛苦。

意思就是，不管追求什麼樣的美好生活，都會帶來巨大的痛苦。這不是很諷刺嗎？

至於人如何在苦難中追求美好生活？

理解了這五種美好生活的追求型態，你是不是能看懂，奧斯卡在追求什麼樣的美好生活？跟奧斯卡一起參加斷食健行營的人，心目中的美好生活又是什麼樣子？

滯留曼谷的緬甸官員一家人，又是在追求什麼樣的美好生活？

殘酷的敘利亞軍官，以難民身分拋下榮華富貴到德國去，過了幾年隱姓埋名的難民生活後，被判處無期徒刑，你猜他有沒有後悔？

而你正在追求的美好生活，靠近哪一種？我必須說，雖然我也同情跟奧斯卡一起參加斷食健行營的成員，但原則上我是同意奧斯卡的。這麼重要的問題，怎麼可以放著不思考，卻一直在乎奇亞籽的四大副作用、七點使用禁忌、十種食譜與十一大功效呢？

學習當一根溫柔的香蕉

自己活，也讓別人活。

Live and let live.

——人本主義大師佛洛姆，

私人國家「利伯蘭自由共和國」的精神標語

來到「世界潛水工廠」

每年至少有一個月的時間，我會在泰國南方的濤島（Koh Tao）度過。通常，我會在小島的山頂上租一間小別墅，然後租一輛摩托車，接下來的時間，除了在線上工作的時間以外，就是每天潛水的生活。

對於不潛水的人來說，濤島應該是一個陌生的名字，但只要熟悉國際潛水的人，都知道這個只有一千多個在地泰國人居住、面積僅有二十一平方公里的小島，大大小小的潛店加起來竟然有兩百多家。基本上，不潛水的人，根本就不會來濤島。

島四周有二十多個潛水點，全年氣候穩定，幾乎沒有太多的水流，珊瑚礁和海洋生物又很豐富，還有各種不同難度的海底地形，非常適合潛水教學訓練。聽說全世界每年超過百分之六十的PADI、SSI、CMAS各種級別潛水證照，都是從這個島上頒發的，因此被人稱為「世界潛水工廠」。

世界上多數的潛水中心，一天通常有三個固定時段。規律通常是這樣的：清晨一大早出船，固定潛個兩只氣瓶，中午過後回到陸地上，然後下午再出一次船，固定潛一只氣瓶，傍晚最後出動一次夜潛，也是一只氣瓶。我覺得既然都出一次海了，至少要潛個兩場，因為無論是船程或是裝備的準備跟清洗，都一樣費事，如果只潛一場，感覺好像化了全妝卻只是出門倒個垃圾，太大費周章（其實就是懶惰）。而且早上的第一場，通常會去最好、最遠的特色潛點，只參加下午一場或晚上夜潛，通常都只是在離岸很近的簡便潛點。所以總是面臨兩難，如果去很棒的潛點，就要犧牲睡眠；睡飽以後，就只能去普通的潛點。可是難得休假，又喜歡不需要鬧鐘、早上可以睡到自然醒的奢侈感，否則一整天都要面對沒睡飽的疲倦，即使潛水是我很喜歡做的事，也不免內心掙扎。

這是為什麼濤島對我來說，是完美的潛水選擇。因為濤島每一家潛水中心，都是每天中午才出船，所以我可以安心睡覺。而且大多數的潛店有預付制度，就是花個八千泰銖先預付十只氣瓶，價錢在國際上來說算是很便宜的。加上想去的時候才去，沒有任何使用限制，只要天氣好、當天有船位就行。額度用完以後就先記在帳上，等到一個月住滿了要離開再結帳，如果沒用完的就按照比例退費，沒有複雜的罰則或是小費制度，我喜歡這裡的彈性跟簡單。

濤島除了吸引我這種懶人，還吸引特定的另一種人，就是打算未來以當潛水官（dive instructor）為職業，或是存了一筆錢，夢想未來開一家自己的潛水中心的人。所以這些人就會從世界各地來到濤島長期居留，一面取得各種高階的證照，一面在潛水中心當助教或留下來當一段時間的教練，獲取足夠的經驗。

預付學費之後，潛水中心會提供免費的宿舍（當然，自己在島上租房子也是可以的），學徒們沒有一定的修業期間，想要快快來或是慢慢來，都由自己決定。不上課的時候，也可以無限制地免費潛水，沒有所謂的開學期間，也沒有規定的結業日期。反正國際認證機構都會在每年十月底的時候，預先排定國外主考官接下來一年、每個月到島上來監考授證的日期，錯過這個月考試日期的人，就多待一個月，沒有時間壓力，也不需要付房租。島上的日常生活物價也算低廉，自己租房子也很便宜，反正島上永遠需要各種人力。因此潛水教練不工作的時候，平常會騎摩托車，載著來投靠門下的貓或狗，去打掃民宿、做飯店櫃檯、外送餐點，當餐廳或咖啡館的外場人員，開三輪車載貨送水的各種雜工，反正無論如何都可以不太費勁地賺取生活所需。在島上看不到階級跟種族的區分，生活壓力小，在島上也沒有人特別在乎時間。

或許是這種「時間感」的消失，讓我一次又一次回到濤島，有種身心安住的感受。在這裡，「慢活」（slow life）不是口號，也不需要特意練習，而是像呼吸一樣自然的事。在這裡，每個喜歡潛水的人，可以暫時放下社會期待，過著對自己溫柔的生活。

在濤島，每個人不但都是潛水員，也都是海洋的信徒。所以不只對自己溫柔，對彼此溫柔，也必須學會對餵養潛水夢想的海洋溫柔。

比如不同的潛水中心，會輪流提供任何來島上潛水的遊客兩只免費的氣瓶跟裝備，出船到海底去撿垃圾。不只是使用海洋，也知道如何讓沙質海床、岩石區域、海中的各種生物，都能維持在最美麗原始的狀態。

原來以為拿到證書就已經結束來到濤島目的的人，往往發現這只是解鎖新世界的開始。

當我了解越來越多之後，每次搭著卡達航空公司的班機，看到機上電視不斷宣傳著「到卡達來體驗鯨鯊吧！」的宣傳標語，都會有異常複雜的感受。

瀕臨絕種的鯨鯊，在濤島運氣好時也會遇見，但絕對不是像在卡達那樣，隨時可以看到幾百隻鯨鯊聚集。我知道卡達之所以會有那麼多鯨鯊長期聚集，是人為的結果。因為當地政府餵養這些野生動物，養成鯨鯊的依賴性，讓鯨鯊都留在卡達海域，也因此改變了鯨鯊每年隨著季節遷徙的習性。這不但改變了鯨鯊的自然規律，也一定會造成未來海洋中人類目前難以預測的連鎖效應，當然也因為卡達的自私行動，影響了世界上其他地方海域的潛水者，體驗到鯨鯊這位海洋溫柔巨人的機會。

菲律賓的歐斯陸（Oslob），也是潛水者可以看到鯨鯊非常著名的地方，但這裡之所以可以百分之百保證看到鯨鯊背後的原因，也是當地人每天固定時間餵食。鯨鯊們索性住下來，長距離遷移洄游繁衍的自然生態習性完全瓦解，一旦固定餵食，這些鯨鯊也不再自己覓食，變成像蠶寶寶那樣，成了離開人類就活不下去的無用生物。不但如此，因為這些鯨鯊太習慣在漁船及人類四周，身體不時會被船身撞傷，或是被船的馬達割破，身上處處可見明顯的累累傷痕，讓人怵目驚心。

每次潛入海底的經歷和感受，都加深我對海洋的熱愛，但面對這樣的難題，也讓我更深刻地思考身為人類，我與世界的關係到底應該如何。

在海中遇見鯊魚的時候，我常常想到驚悚電影《大白鯊》的小說原作者彼得・本奇利（Peter Benchley）說到他人生最大後悔的事。

二〇〇六年六十五歲的本奇利死於肺纖維化之前，他接受了《倫敦每日快報》（London Daily Express）的採訪時說：「如果當時我有現在的見識，我不會寫那本書。鯊魚其實不會把人類當成襲擊目標，牠們也不會記仇。」

他在一九七一年完成小說《大白鯊》時，完全沒有預料到會從此改變世人對於鯊魚的態度。故事中，一條行蹤詭祕的大白鯊徘徊在夏日的海灣，毫無防備的度假遊客成了牠腹中美食。一九七五年，當時年輕的導演史蒂芬・史匹柏把《大白鯊》的故事搬上大銀幕，即使本奇利本人公開指出，電影將他書中的人物刻畫得過於扁平，但是誰會在乎呢？尖叫、鮮血、仿真的機械鯊魚，讓這部電影在全世界都成為爆紅的商業大片，不但打破票房紀錄，也成功引起了人們接下來五十年對鯊魚的極度恐慌，延續至今。

大多數人不在乎真相？

《大白鯊》的成功讓哈佛大學出身的本奇利開始擔憂，是否自己的作品會帶來人類針對鯊魚的屠殺，可惜一切都已經太遲了。

電影已經將鯊魚的形象塑造成人類的邪惡敵人。本奇利一九八〇年代初在哥斯大黎加太平洋上的自然保護區可可斯島（Cocos Island）潛水時，穿越表面的海洋美景，深潛到海床的地方，卻是鯊魚的地獄。因為他目睹全球魚翅產業，讓鯊魚被拉到船上割下魚鰭，隨後被活生生地丟回大海中，等待漫長而痛苦的死亡，海床上遍布著失去背鰭的鯊魚屍體。

「這是我見到最恐怖的景象之一。」本奇利在一次野生保護協會（WildAid）的採訪中這麼說。

本奇利一直到死亡前，都在「贖罪」，懷疑是自己的小說，讓人類允許鯊魚被大量屠殺。他意識到必須告訴世界，大白鯊並不是吃人怪物，而是捕鯊和魚翅產業的受害者，因此成為一名海洋保育的倡議者，與蒙托克最有名的鯊魚獵人登上捕鯊船，也曾在電視紀錄片的拍攝中多次與鯊魚親密接觸。但是大多數人並不在乎真相，也洗刷不了不小心為鯊魚帶來的惡名。

我也時常在想，史蒂芬・史匹柏是否也曾為執導《大白鯊》而後悔過？

是的，我們確實偶爾看到鯊魚攻擊人類的新聞，但我知道人類自己難辭其咎。有些潛水中心為了招攬客戶，會讓觀光客站在鐵籠中，從籠子裡面餵鯊魚吃視覺上充滿血水的生肉，藉此吸引鯊魚靠近，帶來觀光客期待被鯊魚攻擊、驚悚的滿足感。其實鯊魚並沒有把人當成食物，是人的行為訓練鯊魚把人類跟食物劃上等號的。

很多觀光客之前到馬來西亞體驗浮潛時，當地人嚮導或是潛水教練為了取悅遊客，都會帶食物下去餵魚，讓魚靠近客人，使客人有「不虛此行」的感覺。一看到有人下水，成群的小魚就會在人身上啄來啄去，觀光客天真地以為這叫做「魚都跑來跟我玩」，實際上這是魚受到人類長期訓練，把人類當成食物的證據。只是餵食的對象從表面上無害的熱帶小魚，換成了巨大的鯊魚而已。平心而論，海洋裡好吃的東西那麼多，雜食性又缺乏運動的人類，肉質一點也不好吃啊……換成我是鯊魚，一點也不會想吃人！

與其「非愛即恨」，不如「溫柔」就好

反思人類跟海洋的關係時，發現人類的愛恨分明，時常讓我們沒有辦法看清楚與世界真實的距離。

比如我們「愛」可愛的熱帶小魚來啄我們的身體，卻對完全不想跟人類有關係的鯊魚「恨」之入骨。我們不在乎真相，也不在乎自己做了什麼。

不只在海洋裡，在生活裡，也是一樣。人類的「愛」與「恨」如此濃烈，往往帶著暴力的成分，讓自己和別人都無法招架。

隨著生活經驗（包括潛水經驗）的增加，我逐漸意識到「愛」並沒有那麼重要。愛只是一組密碼，而密碼的後面，才是真正重要的，那是一整個叫做「人生」的平台，即使是海洋，也是一個巨大的平台。

既然是平台，就要能夠溫柔地歡迎、容納各式各樣的使用者，才會欣欣向榮，否則不管再大，也只是過去港片《倩女幽魂》裡的「黑山老妖」，那個修煉成精、不容異己的一座黑山。

「愛」跟「恨」讓我們往往不允許其他生命進入，把自己變成了一個封閉系統。像是一個為了證明鯊魚很凶殘，所以故意帶著生肉，把自己關在鐵籠子裡沉到海底去餵鯊魚的愚蠢遊客；或是一個為了證明大都市很危險，所以用牢牢的鐵門、鐵窗，把自己關在家裡可悲的城市人。

但平心而論，無論是海洋裡的鯊魚，還是大城市裡的人類，都沒有需要我們強烈去愛、去恨的理由吧？

無論面對的是人類或是鯊魚，如果不說「愛」「恨」，我們有沒有一個更好的態度，可以幫助自己更貼近真實的世界呢？

我為自己找到的答案是：「溫柔」。

跟拒絕其他生命進入的「愛」「恨」不同，「溫柔」會允許其他生命進入，是一個開放系統。

但是我必須強調，這個「溫柔」的概念，說的不是文學性的主觀抒情感受，而是科學上的定義。

科學裡的「溫柔」

我這幾年花很多時間，去學習理解所謂的「複雜性科學」（complexity science），這是一門一九八〇年代以後才開始、也還在發展中的新學科，以「複雜性系統」作為研究對象，超越「還原論」作為方法論上的特徵，主要任務是試圖揭示和解釋複雜系統運行規律，目的在提高人們認識世界、探究世界和改造世界的能力，是一種「跨學科」（interdisciplinary）的新興科學研究型態。

這些無聊的定義，就不多說了，因為我真正想說的是科學裡的「溫柔」。

在複雜性科學裡面，有些學者試著用這套理論來檢視人類社會的「傳統道德」，是否符合「複雜性倫理」，簡單來說，就是宇宙運行的規律。有趣的發現是，人類社會的「傳統道德」基本上比較像修煉成精的黑山老妖，愛恨分明、專制而讓人恐懼，並不符合自然宇宙充滿複雜性的倫理運行。

比如位在美國猶他州中部的魚湖國家森林保護區內，占地四十三公頃的楊樹森林「潘多」（Pando）就是真實世界中的黑山老妖。

怎麼說呢？「潘多」看似是由楊樹組成的一片森林，實際上，卻只有一棵碩大無比的楊樹（學名Populus tremuloides）。潘多是從單一地下根系長出的四萬七千株基因相同的雄性「基因複製樹」（克隆，clone），總重約六千公噸，被科學家認證是現今地球上已知的「最大生物體」，比藍鯨重四十倍，也比加州紅杉更大。潘多被稱為「顫抖的巨人」，也是猶他州的州樹。

這個獨特的「一棵樹的森林」已經有數千年，甚至推估可能逼近一萬四千年的潘多林，命運岌岌可危，正面臨著林地逐漸老化，卻沒有足夠新樹芽的危機。雖然很多人怪鹿和牛，因為潘多樹的新芽一冒出來立刻會被這些草食性動物吃掉，而啃食新芽的草食性動物因為人類的保護政策，沒有肉食性動物作為掠奪者，所以到頭來還是要怪人類。

八萬年未曾一見新的基因

根據《公共科學圖書館：綜合》（PLOS ONE）期刊的研究，學者在林中劃出三區做實驗：二〇一三年以柵欄圍出一區不許鹿和牛靠近，二〇一四年圍出一區但有黑尾鹿跑進去，另外還有一區是完全不圍柵欄的，結果對比後發現設有柵欄不讓動物啃食的那一區，新樹芽數量明顯變多。這篇研究的第一作者、猶他州州立大學教授、生態學家保羅・羅傑斯說，如何控制鹿群數量是政治問題。猶他州的鹿群因為沒有狼與熊等天敵而大量繁殖，超過生態系統負載力。但猶他州作風保守，很難同意「引狼入室」來控制鹿的數量。

儘管將潘多林圍起來似乎是顯而易見的選擇，卻有許多地方人士反對，認為設柵欄是「快速但非長期的解決之道」。羅傑斯建議先設臨時圍欄，給潘多林「喘息空間」。

但我卻認為，潘多真正的問題，不是吃掉嫩芽的鹿或牛，而是潘多自己。

潘多正在面臨基因老化，但沒有足夠新的基因面對不斷變化的世界，它只是一棵延續了八萬年生命的樹。這是一個可怕的結果，因為它的基因從八萬年前就沒有更新過，抵抗病蟲害的能力還在史前時期，潘多並沒有對抗皮革甲蟲等昆蟲和根腐、潰瘍病等現代病蟲害跟疾病的能力。另外，潘多最佳的生長條件是大火，以及遵循潮濕環境到半乾旱環境的氣候條件。因為潘多的根基在很深的地下生長，當土地表面遇到自然的森林大火（科學家稱之為必要的「自然生火」）後，其他的植物無法生存，但潘多卻可以得到保護，順利度過火劫，也因此造成了老樹變得越來越大，而新樹卻無法生長的困境。

就有澳洲學者提出，天然林火（不是人為縱火）是地區的氣候環境造成的，也是生態系統的一部分，如果澳洲的桉樹林沒有不時地自然生火，或是人類不允許火勢蔓延，那麼隨著時間流逝，森林終究會死掉。

有趣的是，「潘多」這一個詞，在拉丁語中的意思就是「我擴散出去」。潘多塑造了一個不允許其他植物共存的環境，即使是同種類的楊樹種在潘多林裡，也會死掉。所以潘多作為黑山老妖，必須孤獨地老化而終將面臨死亡的命運，也可以說是自己造成的悲劇。

讓自己活，也讓別人活

愛、恨多了，我們就把自己變成了黑山老妖。你能夠想像一個除了程式設計師本人以外，不允許任何「他人」進入成為使用者的線上會議平台Zoom，或是音樂共享平台Spotify嗎？

無論是讓森林裡的肉食性動物消失、不允許森林自然生火，還是為潘多設置圍欄，讓草食性動物不能進入森林，其實背後的想法都是一樣的，叫做「愛」「恨」。對潘多的愛，對鹿、牛、熊、火的恨，如此令人窒息，手段是限制、是封閉、是傳統道德的束縛。長得像森林的一個黑山姥姥「潘多」，不是平台，因為沒有可能性，無法允許自己失控，因此就不會有「複雜性」（請注意，把事情弄得很「複雜」〔complicated〕並不代表就有「複雜性」〔complexity〕）發生。

潘多如果想要活下來，需要的不是濃烈暴力的「愛」與「恨」，而是允許其他生命進入的「溫柔」，只有夠溫柔，才能夠接受失控，「讓自己活，也讓別人活」。

科學上的「溫柔」是什麼呢？就像每一個登入使用Zoom會議平台，或是Spotify音樂共享平台的人，每一個個別的使用者是有高度複雜性的，有著「此時此刻」的「非理性」。比如情緒、感受、天氣、事件，都是在「意識」（consciousness）的作用下難以預測的，既然作為平台，就不能只想著「控制」，必須允許別人跟我們「連線」，才能讓我們跟別人一起活成一座生意盎然、卻也充滿變數跟危險的森林。

最有力量的工具：溫柔

德國導演約格・阿道夫將將德國權威林務員彼得・渥雷本（Peter Wohlleben）所寫的《樹的祕密生命》（Das geheime Leben der Bäume）改編成中文名稱讓人難以啟齒的電影《自然就樹美》。在這本書當中，三十六篇關於森林與樹木的趣事與知識，提出森林學的研究證據，證明樹木會思考、有痛覺、情感和存在記憶，例如，非洲大草原的金合歡樹，當長頸鹿啃食它時，它會趕快以氣味提醒其他還未被啃咬的金合歡，在葉子裡散布毒素，好讓長頸鹿聞之生畏。黛安・馬歇爾（Diane Marshall）也研究開花植物的選擇配偶可能性。她研究的對象是靠蟲子（如蜜蜂、食蚜蠅）傳粉的野蘿蔔（Raphanus sativus）。她取下數株雄花的花粉，均勻混合後塗在不同的柱頭上，靜待授粉，然後分析所結種子的特性與父系。她證明植物也具有如動物般的擇偶力。森林有如人類社會一般，有多樣、多個體和多層次，井然有序且各司其職，當某個或某些個體遭遇不幸，如風災、水災、火災和病蟲害時，其他鄰近的林木會馬上伸出援手，阻止這種災害繼續蔓延，經過一段時日，森林又得以復原，讓整座森林重生。這些表現看起來跟人類社會的「傳統道德」很相似，但是更接近複雜性倫理學中的「美德」。其中區別在於傳統道德是一個像潘多的封閉系統，而美德倫理則是一座溫柔的開放森林。

我們很難想像，樹木就像人類一樣也需要休息，一旦被剝奪睡眠，後果將會像長期失眠的人般嚴重。一九八一年《公園綠地管理局》（Das Gartenamt）專業雜誌報導，美國城市裡有百分之四的橡樹死亡，可歸因於夜間照明的干擾。也有些森林觀察者做過非自願性的類似測試，他們分別從森林裡帶回一些年輕的橡樹和山毛櫸樹回家，將它們養在盆子裡，放在室內的窗台上觀察，人類日常家屋的起居室內，不像森林寒冬的低溫與黑暗，因此這些小樹幾乎是在不冬眠、不休息的狀態下繼續生長，一段時間過後，小樹終究不敵長期睡眠不足的壓力，突然間枯萎死去。這就是人類不懂得對植物「溫柔」的後果。

對植物「溫柔」，從來就不是穿著飄逸的白衣去抱樹，或是對花草說話這類以人類的優越感為中心的怪異行徑。而是白天晒晒太陽，晚上要保持黑暗，別把會長大的植物限縮在不通風、不透水的小盆子裡，冬天需要冬眠的植物不要養在室內，一落葉就拚命施予化學肥料刺激生長。簡言之，就是能夠允許另一個生命，按照自然的規律活著，直到他按照自然的規律死去。

像「潘多」這種「一棵樹的森林」，就像單機離線作業的電腦，無論再大、再有智慧，只要不允許「連線」，也不會變成充滿各種可能性的平台。但是只要願意放棄控制，開放連結，再小也可以是一個完整的生態系統，欣欣向榮。「生活」缺乏「複雜性」，而非「生命」缺乏「意義」，是否才是造成生命凋萎的真正原因？

這麼一說，對孩子的「教養」、對老人的「長照」，其實也都是一樣的道理。沒有什麼比「溫柔」更有力量的工具了，有了溫柔，就不用刻意去愛什麼，也不用去恨什麼。

開放自己，邀請其他生命

根據複雜性科學的理論，宇宙開始時是一個簡單且非常熱的等離子體。最初的宇宙很簡單，結構上也沒有多樣化。這種等離子體非常熱，熱到構成我們當前宇宙大部分的粒子，都不可能存在。

是宇宙的冷卻，允許形成這個可觀測的宇宙相關的所有粒子。隨著時間的推移，宇宙中不同結構的數量增加了，最終形成了星系。這些星系和恆星的生命週期產生了更加多樣化的能量形式，從而產生更多不同的可能結構組合和相互作用。這反過來又允許在宇宙中存在更複雜的型態，例如生物生命。總而言之，宇宙中有一個基本的運動，就是從「小」到「大」的複雜運動。

在地球上生命的發展過程中，同樣的複雜性從小到大的變化是顯而易見的。宇宙的複雜性已經增加到足以在地球上形成生物生命。隨著地球的冷卻，地球的化學複雜性增加，直到有可能形成胺基酸。這些生命的組成是地球上出現生命的基礎的一部分，從最簡單的單細胞生命開始。更簡單的生命形式在地球上生活了數百萬年，透過製造更多氧氣等方式影響環境，這使得維持更複雜的生命形式成為可能。一個不斷進化的複雜生命形式過程，一直持續到地球充滿了不同生命形式的多樣性，這使得這個星球比沒有生命時的地球環境變得更加複雜。

即使宇宙展開過程中，實際發生的事情與我這裡的敘述有細節上的不同，但我相信這些基本原則是成立的：地球上生命的發展過程，之所以會允許生命的存在，變成一個「平台」，必須先冷卻，而這個冷卻的過程，其實就是宇宙的老化過程。

炙熱濃烈的愛，是沒有辦法讓生命活下來的。

這就是溫柔之必要。

「其實你沒有那麼特別！」

要學會溫柔，首先要能夠開放自己，邀請其他生命進入。要能夠做到這件事，必須意識到自己沒有那麼特別，就像拆掉公寓鐵門、鐵窗，允許自己自由地呼吸之前，先意識到江湖並沒有駭人聽聞的新聞裡描述的那麼黑暗，而你家裡沒有什麼特別的東西，是每個人都想要來偷來搶的。至於有心闖入的壞人，鐵門鐵窗根本擋不住。

萬物之靈，只有人類嗎？

我們從小的教育，讓我們對於自己生而為人，充滿了優越感，甚至相信自己是宇宙重要而獨特的存在。強調人類是萬物之靈，只是一種敝帚自珍的封閉心態而已。

所以別忘了，貓也是「人」，因為貓有百分之九十的基因跟人類基因是一樣的，許多貓奴、鏟屎官聽到這個說法應該會很開心。

但小老鼠也是「人」喔，小老鼠有百分之八十的基因跟人類基因是一樣的，這解釋了為什麼實驗室總是用小老鼠測試人類的新藥。

即使果蠅也是「人」，因為我們的基因有百分之六十相同，這就是為什麼果蠅是被研究最多的昆蟲。事實上，將近百分之七十五導致人類疾病的基因都能在果蠅身上找到，使果蠅成為研究人類疾病的良好對象。

老實說，我們常吃的雞也是人，我們跟雞之間有百分之六十的基因相同。

就算香蕉，也跟人類有百分之五十相同的基因。所以當你覺得這本書看到這裡已經很吃力的時候，也不用自責，畢竟有一半的你是香蕉啊！

我們往往沒有意識到，身邊的動植物其實也跟我們一樣是「人」（這是為什麼我在《愛・犬》這本書中，特別強調「狗也是人」的概念），而「我」嚴格來說並不是人類。

隨著科學衛生的進步，科學家對人體的認知越來越多，科學家發現，人體只有百分之四十三的細胞屬於人類，而其他部分則是由非人類的微生物細胞群組成。

如果沒有意識到「我的身體其實不只是我自己」，我真的知道該怎麼像Spotify或Zoom一樣，當一個好用的「平台」嗎？

人類基因組大約由兩萬個基因組成，但人體中微生物群的基因大約在兩百萬到兩千萬個之間。這些依賴人體生存的微生物群，與人體互動並影響著人體，如果要用人類基因來控制「我」的話，只是以小搏大，以徒勞收場。如果沒有這些微生物，「我」根本不可能存活。微生物幫助人體消化、調解人體免疫功能、保護人體免受疾病攻擊，以及生產人體必需的維生素。我們如果沒有學會從「同伴」的角度，重新看待人體中的微生物，而是堅持像從前那樣，把這些外來的細胞當成敵人，終其一生我們只會活在一個必敗的微生物戰場。

所以不妨這麼想：我的身體早已經學會該怎麼當一個溫柔的平台了，只是我的腦子並不知道而已。我不妨跟我的身體學習怎麼對世界溫柔的方式。

當務之急，就是不要怕「老」

「老化」不但不是我們的敵人，還是我們的好朋友。就像宇宙如果沒有老化，地球沒有冷卻，根本不可能會允許生命的出現。

太陽在接近完整的原始能量反應的情況下，熱到生物不可能出現，換句話說，我們現存複雜性的全部能力，和我們增加複雜性的能力，都無法承受生硬、殘酷的原始熱量。

如果我們決定跟體內的微生物宣戰，就把一切當成了戰爭，於是人類精神的偉大、美麗和天才，就從其完全複雜的複雜性降低為簡單、生硬的生存鬥爭。我們剩餘的生命，必須永久在無菌的負壓病房中度過，即使如此，也無法保證不會遭到微生物「入侵」。

衝突的壓力環境，往往以這種暴力的方式，壓迫著我們的心靈和思想，以至於我們經常被衝突簡化，為了維持「我」是百分之百人類的執念，我願意減緩、停止，甚至逆轉文明的複雜性和智慧的興起。

英國學者威廉・霍爾曼（William Horman）一五一九年所寫的拉丁文法教科書《Vulgaria》中有一句「Mater artium necessitas」，此諺語的英文版「Necessity is the mother of invention」，就是我們現在常說的「需要為發明之母」，這個說法可能是真的。然而，我們或許會變得過度沉迷於「需要」，因為我們會從「需要」進入無止無盡的「想要」，不僅要滿足生存需求，還要滿足欲望，想要的東西變得越來越多，已經迷失了真正的需要，以至於我們的努力落入了收益遞減的地步。

除非我們學會「專注」

比如我想要「專注」於一天只做三件事，而不是十件事、一百件事，就是用一種宇宙日益複雜的特有方式，去衰減能量，讓我與距離過近、溫度過於炙熱、無法讓自己活，也無法讓別人活的太陽，拉開距離。讓注意力之於我的心靈，就像光和熱之於一顆星星，而表達這種減弱的方式，就是增加我們對待和看待彼此的溫柔。

就像研究複雜性倫理學的哲學家Max Maxwell說的：「宇宙中所有的能量衰減都可以委婉地描述為溫和的。」就促進複雜性而言，必要的能量衰減對日益複雜的需求是「溫和的」。我之所以選擇「溫柔」這個詞，是因為在人類注意力中，溫柔這個詞具有額外的個人意義。蓬勃發展的、積極的人類注意力，可以透過最佳的溫柔而減弱。

我跟一個有機小農青年談到這個「溫柔」概念的時候，他雖然沒有正式學過哲學，卻在土地的例子上立刻就看懂了概念上的聯繫。他說在面對一片收成後的農地時，首先他必須接受這片土地能量的衰退，然後讓土地休息、施有機肥、讓土地運動，學習跟環境共存。如果這個時候施用化學肥料，其實就像人在很疲倦的時候喝蠻牛或是補充維他命B

群，短期似乎有效果，其實只是在預支未來的能量。

「那土地要怎麼運動呢？」我問這位有機小農。

「很簡單，就是讓其他的生命進來啊！」他說自己如何在土地上增加多樣性的「蜜源植物」後，各種不同的昆蟲就會進入這片土地，整個土地就會動起來。

「原來這就是『溫柔』的力量啊！」我們似乎都看懂了什麼重要的事。

如果覺得當溫柔的人很難，也沒關係，至少先試著學當一根溫柔的香蕉如何？

你如何為自己定價？

奴隸因為腳上的鎖鏈而失去了一切，
甚至失去了掙脫鎖鏈的欲望。
——盧梭

每天只做「三件事」的遊戲

我決定一天只做三件事。為什麼是三件事，而不是兩件事，或是四件事呢？其實背後有一個從來沒有跟人說過的小故事。三件事，老實說不是我自己想出來的，而是一個跟我同年齡，但幾年前已經因為癌症去世的朋友珍妮。

珍妮生前是一個職業歌手，我們多年前在郵輪的工作場合認識，算是同部門的好同事，我們和幾個好朋友，還曾經一起到我工作的緬甸、泰國鄉間旅行。但是我真正跟她熟起來，卻是她生病以後的事。原本身體一直都很健康的珍妮，在波士頓結束工作上岸的前一天，突然無故病倒了。因為珍妮的家人都在加拿大西岸的溫哥華，在美國東岸的波士頓舉目無親，既然我人就住在波士頓，所以在她人生最低潮的時候，住院、開刀、化療的那段期間，都會盡量到醫院去陪伴她。也是在那時候，珍妮交往多年的同居男友，竟然就在知道她重病的消息後不告而別，而且立刻交了一個新女友，在臉書上大晒恩愛，完全不顧珍妮的感受。雖然我不知道他們關係的背後到底是否早就出現問題，但是直到現在，我仍然無法原諒他。

珍妮突然病倒，面對多重的打擊，愛美的她因為腦部手術而剃光了一頭寶貝的金髮，被多年的伴侶拋棄，癌細胞快速擴散到即使手術跟化療都沒什麼效果。而且身為外國人，在美國的醫藥費迅速累積成驚人的天文數字，但她還是決定要盡一切努力救治，直到病情穩定、體力稍微回復之後，才由她的主治醫師陪同，一起飛回加拿大的癌症專門醫院繼續治療。

就是在波士頓住院那段期間，珍妮發展出這個「每天只做三件事」的遊戲，因為她的體力很虛弱，不可能讓她做所有想做的事。於是她每天早上在醫院醒來，我就會傳簡訊問她今天想做的事有哪三件。珍妮說她一天的精力，只足夠她做三件事情，而且這三件事往往是健康人眼中微不足道的小事，像是如果我們出門去吃一頓飯，她就必須休息至少六個鐘頭，才有足夠的體力做下一件事。

今天就是最棒的一天

正因為一天只能做三件事，所以每件事都變得很重要。快速流逝的生命如此脆弱，每次的見面都有可能是最後一次，所以我們即使只是去醫院旁邊的中國餐廳吃個飲茶——她往往吃不到兩口就反胃不舒服而必須停止——珍妮也會一早起來就開始戴假髮、化全妝，等我看到她的時候，她總是容光煥發、滿臉微笑，一點都不像個重病的人。對於珍妮這種從內到外身為藝人的敬業態度，我充滿了敬佩，雖然這件事珍妮不是為我而做的，但是作為一個「同伴」，我卻能夠感受到我的生命在此刻，也被無比尊重地對待了。所以我也開始更慎重地面對我們每一次的赴約，穿上潔白的襯衫，而不是皺巴巴的T恤，頭髮也會記得吹整齊、上點髮蠟，甚至車子也會先洗乾淨才開出門，好像只有這樣做，才對得起珍妮今天決定揮霍掉的「額度」。

隨著珍妮的體力變得越來越差，很多時候，一整天下來甚至沒有辦法完成她想做的三件事。但只要哪一天她能做完三件想做的事，珍妮就會充滿喜悅、興奮地說：「今天真的是太棒、太完美了！」

轉院回到加拿大不久，珍妮就去世了。雖然如此，我一直深深記得珍妮每天的三件事，我也把這每天只有三個額度的想法，套用在自己身上，從此我對於答應每一個工作的安排，或每一個私人的邀約，都變得極度慎重。當一天結束，我知道自己好好地完成了這三件我慎重選擇要做的事，似乎也聽見了珍妮甜美的聲音在旁邊充滿喜悅地說：「今天真的是太棒、太完美了！」

如果你也像我一樣，決定練習一天只做三件重要的事，那麼要如何決定哪些事情，才值得使用這個珍貴的額度？

要用能不能賺最多的錢來衡量嗎？還是要得到最多的讚美？都不要管別人，也不要管錢，為了自己的滿足感，總對了吧？

我們時常忘了自己的時間、自己的生命，每一小時都是獨一無二、一去不回的。所以我們之中只有很少的人把自己的時間，當作是捨不得賣的稀缺資源。

一開始，我先問個假設性的問題：如果可以在一個名聲卓著的地方工作，但是沒有薪水，你願意嗎？

要特別強調，「沒有薪水」是指「零元」，不是薪水很少，是完全沒有喔！

「那要看是哪裡啊！」你可能會問。會這樣問的人，表示願意考慮。

那麼，我想你會需要看完這一章。

你也愛上了被奴役嗎？

其實我前面問的並不是假設性的問題，而是真實存在的案例，並且發生在全美國教授平均薪水最高的大學：加州大學洛杉磯分校（UCLA）。

根據一項薪資調查，教授平均薪水最高的十所美國公立大學，加州大學（UC）系統的分校占據了榜單前十名中的六位，而UCLA是二〇一八至二〇一九學年度教授平均薪資最高的，約六百三十萬台幣。

然而在二〇二二年四月，UCLA卻發布了一則兼職助理教授的徵人啟事。啟事中要求，應徵者必須有化學或生物化學的博士學位，還要有良好的大學教學經歷，以及三至五封推薦信，但——這份工作是無薪的。「應聘者須知，該職位沒有任何補貼。」

這則消息發布後，立即在美國學術界引起了軒然大波，甚至《紐約時報》也大幅報導，輿論紛紛指責學校對兼職教授的苛待與剝削，迫於輿論的壓力，UCLA才撤回了這條徵人啟事，並且發出道歉聲明。

無償勞動不只在學術界是個公開的祕密，在許多行業也屢見不鮮，就像許多優秀的學生想盡辦法要擠進名校，許多大學教授也想盡辦法要到全球著名的大學獲得一份教職，這其中的競爭激烈不難想像。顯然對許多有著博士頭銜的畢業生來說，僅僅是能夠進UCLA教書，本身就是一種獎賞，所以一定會有人認為零薪水也沒關係。

「學者怎麼可以那麼愛錢？」在學術界的文化氛圍中，似乎鼓勵學者就應該不求個人回報，熱情對待工作，脫離生活現實，在研究室為指導教授做牛做馬，畢了業也應該心甘情願地為大學無償工作，甚至應該感謝給你這個機會的雇主。根據加州大學臨時教師組成的工會統計，二〇一九年三月為止，光是UCLA就確認有二十六名這樣的兼職無薪教師，而且合理懷疑二〇二二年的數字應該更高，至於那些批評這種制度的人，則被認為不適合從事這份工作。

然而，這是合理的嗎？赫胥黎在一九三一年寫成的《美麗新世界》中，就對於「奴隸應該同情他的主人嗎？」有以下這段有名的敘述：

最完美的奴隸制，就是讓奴隸們以爲自己是主人。最完美的監獄，就是讓囚犯們不知道自己身在監獄。要讓他們熱愛自己的鎖鏈，並使他們認爲，如果失去了鎖鏈，他們將一無所有！

ＵＣＬＡ的「零薪水」助理教授事件，正是《美麗新世界》裡描述的烏托邦。將近一百年前赫胥黎這樣說明我們是如何愛上被奴役的：

在一個科技高度發達的時代，低效是一種罪惡……在一個眞正高效的極權國家裡，應該由強大的政治決策者和管理者來控制根本不需要脅迫的奴隸，因爲他們熱愛被奴役的感覺。

ＵＣＬＡ這個事件爆發後，許多學者也開始紛紛在社群媒體現身說法，其中有一位叫做Caitlin DeAngelis的歷史學家，表示後悔二〇一八年在哈佛大學為課程擔任研究助理，出於對專業研究領域的關注，也自願接受了無薪授課的工作。諷刺的是，她教的那門課，課名叫做「哈佛與奴隸制」。

只想到要賺錢的人，是賺不到錢的！

讓我提出ＵＣＬＡ這個例子的，是一位在泰國東北部武里南府（Buriram）經營有機農場的哲學諮商客戶。

原本在曼谷頂尖學校朱拉隆功大學教英文的小綠，前幾年因為理想，毅然決然回到故鄉買了土地，成為返鄉青農。為了實現「從農場到餐桌」的理念，她在曼谷背包客聚集地考山路開了一家蔬食餐廳，標榜供應的全是她和老母親兩個人在自己的有機農場耕種出來的農產品，也是政府時常拿來當作知識分子返鄉貢獻、注重環境保護、創造當地就業機會的看板人物。但是疫情之後，觀光客瞬間消失，餐廳難以經營，再多的政治光環也無法幫助她逐漸捉襟見肘的財務狀況，所以終於決定要用哲學諮商的方式，來思考她接下來的方向。

「妳想做什麼？」我問。

「我想當導購，賣農產品。」小綠說，「什麼好賣，利潤高，就賣什麼。」

小綠雖然不是網紅（internet celebrity），但是她認為這幾年累積下來的名聲，可以讓她用「關鍵意見領袖」（Key Opinion Leader，KOL）的身分來賣別人的農產品。

「只想賺錢的人，是賺不到錢的。」我臉色一沉。

「為什麼……？」我們認識多年，小綠對於我這麼直接的批評，似乎很驚訝。「務農對我來說真的太辛苦了，我現在就是想賺錢，轉賣收介紹費或是抽成賣別人的農產品，比較適合我！」

「妳知道嗎？這麼多年來，沒有任何一個上妳餐廳的客戶，需要吃有機蔬食；也沒有任何一個在妳的有機商店買菜的顧客，需要買農產品。」

「那不然他們來買什麼？」小綠顯得非常疑惑。

「他們買的，不是農產品，而是跟妳小綠這個人的連結。」我說，「更確實來說，是小綠跟媽媽還有故鄉土地的親密連結。一星期兩次，妳千里迢迢把農場這些樸素的蔬果，還有背後的故事，從柬埔寨邊境運到曼谷來，就創造了這個連結。

「一旦妳隨意地販賣其他人的農產品，那個連結就消失了，價值也消失了。失去連結跟價值的農產品，就只是極其普通的農產品，也失去了購買的理由。」

「但我覺得不會吔！只要是我推薦的，消費者應該不會在意來源吧……」小綠仍然堅持她的看法。

「妳錯了，」我指著她粉絲團購物頁面的商品照片。「消費者可以買的同質性農產品跟網路商品來源太多了。妳這個季節販賣的羅望子、芭蕉花、蔬菜，都是全泰國、全東南亞到處都有的東西，很容易就找到更好、更便宜的。如果他們買的不是跟妳的連結，妳還能想出什麼好理由嗎？」

「我介紹的不算跟我有連結嗎？」小綠似乎聽懂了，但是情感上仍然難以接受。

「如果妳要用生命去捍衛別人的農產品，像妳捍衛自己農場的每一把蔬菜那樣，那就有連結。」我說。

「沒有。我如果賣，就是想賺錢。」小綠說。

「那妳賺不到錢的，放心好了，不信妳可以去試試看。」我說。

捨不得賣的東西，才是最值得賣的東西

沉默了幾分鐘，小綠說：「請告訴我，賣我自己種的菜，跟我介紹別人的產品有什麼不一樣？」

「這是好問題。妳可以告訴我，賣妳自己種的菜時，有什麼感覺？」

「會捨不得賣啊！」小綠說。

「那就對了！因為妳自己種的每一把菜都是獨一無二的。就是要有那種捨不得賣的感

覺！這才是別人會想跟妳買東西的原因，因為顧客可以感受到他們即將買的東西，跟妳的生命有連結，賣給他們後，妳自己就沒有了。」

「可是只賣有感情連結的東西也太難，獨一無二代表沒有太多數量，那不就注定我會賺不到錢嗎？」小綠說。

「正因為如此，所以妳要知道如何標價，要賣多少錢，才願意跟這些捨不得賣掉的東西分手，絕對不可以免費奉送。」

於是我告訴小綠，其實每一堂哲學工作坊、每一次哲學諮商的時間，我都捨不得賣掉，因為那是我生命中一去不回的時間。一旦賣掉時間，我自己就不能使用那幾小時了。

但那幾小時，每個親自坐在我面前，或是透過螢幕跟我面對面的人，都能感受到，在這段我賣掉的時間裡，我是為了他們而活的，而不是為了我自己——因為無論多麼不捨，我都必須知道我已經賣掉這些時間了，這些時間不再屬於我。

「妳曾感受到哲學諮商時，我有任何一分鐘是保留給自己的嗎？」

「沒有吔，」小綠說，「哲學諮商師是當客戶的一面鏡子，鏡子怎麼可以有自己？」

「妳說得一點也沒錯。妳作為我的客戶，一定感受得到我在賣掉的時間裡，有沒有把我的生命交出來。」

「我聽懂了！我也是每次到曼谷來市集擺攤的時候，都覺得這是原本陪媽媽、陪兒子的時間，我很捨不得賣！」小綠恍然大悟地說。「最驚訝的是，之前我從來沒有把我的時間，當作是捨不得賣的稀缺資源。」

每個人都只有一個自己，所以只有我們捨不得賣的東西，才是值得我們賣的東西。剩下的問題，就是該怎麼為自己定價了。

這就又回到願意「零薪水」為ＵＣＬＡ工作的學者。他們或許跟小綠一樣，忘了他們的時間、他們的生命，每一小時都是獨一無二、一去不回的。

「我不知道妳怎麼想，但要換成是我，是完全不會考慮的，無論是ＵＣＬＡ、朱拉隆功大學、哈佛大學，還是什麼大家覺得很厲害的地方。」我說。

「但你是為了錢而做哲學諮商的嗎？」小綠有了新的疑惑。「我感覺不是……」

「別忘了，即使為了錢，也不可以賣沒有生命連結的東西。『付費』會幫助買賣雙方建立起一種重要的信任關係。無論買賣的是農產品，還是我們諮商的時間。」

同時，我也告訴小綠，根據我這些年的經驗，當工作坊或是諮商效果不好的時候，大多是客戶因為某些理由沒有付費，或不是自己掏腰包付費，那種像魔法般信任的關係，就會大大減弱。

我可以決定賣掉一些捨不得賣的時間，用來交換生活，或是做自己真心喜歡的事。因為把所有的時間通通自私地收起來自己使用，並不會讓我更快樂。這就是我每天知道自己可以把生命賣給工作的限度，不一定是週一到週五，也不一定是朝九晚五的八個小時。但是確實有一個限度，一旦跨過了，我就會變得疲累，甚至開始自我厭惡，這時候我就必須要停下來。

「比如現在，我已經給了妳太多時間，我不能再給妳了。我捨不得。所以我們必須結束了。」我微笑著給小綠一個輕輕卻真誠的擁抱。

價值是擁抱生命的禮物，還是面對世界的武器？

我知道把自己的生活空間放在Airbnb上販賣的屋主，或是把自己的創作品放在市集或是藝廊展售的藝術家，一定都能夠理解我們在說什麼。你也跟我、跟小綠一樣，對自己獨一無二的商品，對自己必須要賣掉的連結，充滿不捨。但這樣的不捨，也讓我們掙脫了奴隸的鎖鏈——那些用「前途」「希望」這種空虛的字眼，來桎梏住「零薪水」UCLA大學教授的鎖鏈。

清醒的奴隸是最痛苦的。奴隸其實根本沒有生存的問題。因為奴隸所做的事肯定有價值，所以主人才會用腳鏈把奴隸鎖住，這種有價值的事，即使沒有鎖鏈也會同樣有價值，在哪裡做都是一樣的。甚至對很多主人與奴隸來說，就算他們之間沒有主人與奴隸的正式關係，沒有買賣跟腳鏈，他們的生命仍然是有所連結的，看我們身邊很多人樂於站上「貓奴」「鏟屎官」的位置，就不難理解。

自由人跟奴隸最大的區別，是前者把價值當作擁抱生命的禮物，後者把價值當作面對世界的武器。奴隸真正的前途和希望，不是為了有一天可以當主人，而是學會使用「自由」。學會自由，就是學會如何為了「生存」，只在必要的時候，珍惜地把自己賣掉一點點，而買的人也會珍惜。

至於那些習慣把自己的奴性擴大而站上奴隸位置的人，只會不斷去尋找願意一天二十四小時保管他自由的主人。記得我們身邊的那些「貓奴」「鏟屎官」嗎？奴隸想要逃避自由，因為自由是痛苦的、危險的。從小自己的時間被學校、課輔班、安親班、補習班填滿的人，即使長大以後，也會機械性地不斷去填滿自己的時間，因為奴隸不知道如何使用自由。

請告訴我，你是奴隸，還是不需要擁有別人生命、也不認為自己的生命需要被他人擁有的自由人？賺錢對你來說，是武器還是禮物？而你捨不得賣、值得賣的，又是什麼？

裝在人生福袋裡的幸福

人的一生就像福袋，都是打包上市的，不透明的福袋包裝裡，裝滿了喜歡的跟不喜歡的東西。有時候變質的是對方，就像過期的食物過了賞味期限，隨著歲月走味了。也有時候，改變的是自己。

我們都太過努力了嗎？

最近一個哲學諮商的客戶要離婚了，這夫妻倆從婚前就是我哲學諮商的客戶，於是他們提出一個非常特別的要求，在簽離婚協議書之前，希望能夠一起上我最後一堂哲學課，好聚好散。

對這個特別的要求，我想了很久，要上什麼主題？最後，我選擇的討論主題是「接受」。

「如果能夠努力做到八十分，該不該接受五十分的婚姻？」這是我提出的問題。

這兩個具有完美主義傾向的人，都立刻搖頭說不行。

「你們的婚姻之所以會提早走到盡頭，都是因為太努力。」我說。

他們都露出驚訝的神情。

我們是從《野蠻生長》這本書裡提到的「菜園茶」開始說起的。

如果你不知道什麼是菜園茶的話，菜園茶就是安徽傳統鄉下農家，隨意種植在房前屋後的茶樹，平時沒有特地去打理，到了採摘的季節就摘下來，隨意地處理一下，當作自家日常的茶飲，和市面上專業手法處理過的茶葉相比，沒有什麼經濟價值。

如果滿分是一百分的話，那麼這種菜園茶就是五十分的茶。

「菜園茶到底是因為主人沒有期待，而變成了五十分的茶，還是因為本身就是五十分的茶呢？」

這對即將簽離婚協議書的夫婦，討論之後，共同認為是主人沒有傾注心血，對這個茶有負面的影響。因為即使天生只有五十分的茶，好好地當好茶那樣去低溫烘焙、去包裝、去行銷，甚至焙茶的時候加上一些鮮花，是可以加分不少，勉強推上八十分的。

「你們這麼用力地要讓五十分的菜園茶變成八十分，是『接受』這棵茶樹的本質，還是『拒絕』？」我問。

原本兩個人都認為這是一種「接受」，但是當我提出大部分的父母作為例子，他們卻改變答案了。孩子雖然是父母生的，遺傳了父母的基因，包括智力與能力，但這些再平凡不過的父母，卻總是有一種執念，認為自己生的孩子，經過「栽培」之後，在學校的成績表現，一定比自己小時候在學校的表現更好；讀書比自己小時候唸書更認真，玩得更少，更加聰明，永遠名列前茅，最好是能夠考進資優班，跳級保送，否則就是自己的教育失敗。

「五十分的父母，不能接受自己生出五十分的孩子，卻要求孩子要有八十分，甚至一百分的表現，這是『接受』孩子真正的樣子，還是『拒絕』呢？」

我們的期待落空，往往是因為不能接受自己，或是接受自己最親密的家人原本的樣子，無論是父母、子女，還是伴侶，竟是如此平凡、只有五十分的難堪事實。

一起買下「婚姻」這個福袋

菜園茶之所以是菜園茶，正因為菜園茶的主人，可以全然接受這茶的平庸，允許它隨意自由生長，自我克制不去傾注過多的心血，否則就不是菜園茶了。因為過多的努力，被哄抬成八十分的菜園茶，傾注洪荒之力也只能有這麼一次輝煌。如果因此相信了菜園茶本質就有八十分，每次收成都該有八十分的水準，甚至朝向一百分邁進，最後難免期待落空，以悲劇性的失敗收場，畢竟無論再多麼努力妝點，菜園茶總有露出五十分苦澀本味的時候。

「就算用最昂貴的鑽石和玫瑰，襯托得天衣無縫，被外人公認為一百分的藝術品，但總會有一個人知道自己是山寨貨。你猜是誰？」我接著問。

「是自己。」丈夫此時流下了眼淚。

「你知道五十分的菜園茶，跟五十分的婚姻，其實如果接受了，也可以有滋有味地過一輩子嗎？」我輪流注視著他們倆，兩人的眼睛都垂下，避免跟我的眼神接觸。

我想起了許多離鄉背井的安徽農家子弟，逢年過節回老家的時候，總要帶上好幾斤家裡的菜園茶回到城市去，因為他們懷念菜園茶純樸、誠實的苦澀味。

但是我也知道，對於自認為社會精英，認定了自己是從八十分往一百分邁進的人來說，要接受五十分的自己、五十分的現實，談何容易。

「雖然已經來不及了，但是要怎麼接受五十分的婚姻呢？」妻子打破沉默問。

「你買過百貨公司的福袋嗎？」我問她。

買福袋，就是選擇了「接受」，接受裡面所有我們喜歡和不喜歡的東西。

兩個人決定結婚的那一刻，也是選擇了接受，買下了婚姻這個福袋。

不要當人生百貨公司的奧客

人的一生就像福袋，都是打包上市的，不透明的福袋包裝裡，裝滿了喜歡的跟不喜歡的東西。有時候變質的是對方，就像過期的食物過了賞味期限，隨著歲月走味了。也有時候，改變的是自己，原本喜歡凱蒂貓的小女孩，隨著時間跟品味的改變，變得不喜歡了，而凱蒂貓其實就像菜園茶，一直沒有嘴可以為自己發聲，也從來沒改變過。

「所謂『接受』，就是接受全部，不能任性地只選喜歡的、而丟棄不喜歡的。每一個人生、每一段婚姻都是一個福袋，裡面裝的東西未必都是你喜歡的。」

有些婚姻是有愛的關係。

有些婚姻則是合夥人的關係。

兩種婚姻只要接受，其實都能過好。

夫妻之間有不少的產業外包，比如「孝順」跟「教養」就是最大宗的兩種婚姻外包，通常是不願意自己盡孝的兒子，外包給媳婦；不願意自己教養子女的丈夫，把家庭教育外包給媽媽。

如果接受外包的一方，可以得到自己渴望的東西，像是舒適的生活、社會認同，或是自我實現，那麼這種合夥型態的婚姻並沒有悖德，只是雙方各取所需，關鍵在於是否「公平」。

合夥人關係的婚姻，和有愛的婚姻，雖然本質不一樣，但有時候婚姻會從合夥人走向愛，也有時候會從驚心動魄的愛走向銀貨兩訖的合夥關係，只要接受，基本上都能好好過一輩子。

結婚的時候，下了決定接受一個沒有打開的福袋；結婚一段時間以後，卻說不能接受這個打開的潘朵拉盒子，突然要蓋上它，當然不是不行，只是讓自己成了人生百貨公司的奧客。

當然，如果面臨的是二十分本質的婚姻，裡面充滿了暴力、欺騙，那又是另一回事了。沒有人應該接受二十分的婚姻。

「不管你們接下來做什麼樣的決定，請不要太努力，把自己弄丟了。」這是我在最後一堂哲學課，送給他們的最後一句真誠祝福。

幸福主義

我們從小到大，不知道聽了多少個關於「王子公主從此過著幸福快樂的生活」的童話故事，但是有沒有覺得這些故事有點怪怪的？

不信的話，請在心裡隨便挑選一個王子公主的童話故事。無論是白雪公主、睡美人、灰姑娘、美女與野獸、小美人魚、青蛙王子、阿拉丁、艾莎公主、風中奇緣、長髮公主，隨便挑選一個故事。

首先問自己：王子跟公主相遇前，是不是也過得幸福快樂？為什麼？

然後問自己：這個故事裡王子和公主的相遇，是巧合還是命中注定？

最後再問自己：王子公主一定要遇見彼此，才能過著幸福快樂的生活嗎？

如果王子公主相遇，但是彼此之間沒有愛，也能夠過幸福快樂的生活嗎？

回答了這幾個問題之後，你對於「幸福」到底需要有什麼條件，是不是有了新的思考？

我的法國哲學老師奧斯卡・柏尼菲最近有一本新的兒童哲學繪本，翻譯成中文版本，叫做《幸福是什麼？》（愛米粒出版），讓我重新思考迪士尼電影裡公主王子的故事，是不是讓我們誤解了幸福的意義，而且我們真的知道「幸福」跟「快樂」有什麼不一樣嗎？

「不快樂」不等於「不幸福」。因為無論再怎麼「幸福」的人，也有「不快樂」的時候。

「高興」也不等於「幸福」。再如何「不幸」的人，每天也多多少少有幾次「高興」的時候。

快樂（joy），常指個人的、短時間的情緒感受，是一種感受良好時的情緒反應，一種能表現出心理狀態的情緒。而且常見的成因包括感到對健康、安全、愛情等之滿足。快樂最常見的表達方式就是「笑」。

而幸福（happiness）則與「不幸」相對，涉及到與他人、家庭長期正面的交互過程，以及對事業、生活發展的積極體驗，是一種持續時間較長的心靈之滿足。

當一般人忙著追求短暫快樂的時候，哲學家卻對於追求幸福更有興趣。甚至哲學上有專門的「幸福學」（eudaemonics），將幸福視為道德上的最高追求，研究幸福本身，以及什麼樣的人生態度會帶來幸福等等，甚至有「幸福主義」。很多人並不知道，亞里斯多德就是古典幸福主義的代表，而以大多數人的利益為優先的「功利主義」，則是近代哲學中追求幸福的典型。

誰是世界上最貪心的人？

你認為快樂跟幸福，哪一個更有價值呢？

對古希臘哲學家亞里斯多德而言，幸福是至善、至美，也是最快樂的，不但是所有事物中最渴望的，也是最好的。

亞里斯多德將善分為三種：

1. **外在的善**（財富、權力、名譽）
2. **身體的善**（健康與肉體美）
3. **靈魂的善**（節制、勇氣、智慧）

而這三者中，最重要的是靈魂的善，擁有節制、勇氣、智慧的人，是卓越的人，也才能走向幸福。

在日常生活當中，我們時常會將快樂跟幸福混為一談，比如有些人可能聽過所謂的「快樂經濟學」（happiness economics），其實是一門由理查・萊亞德（Richard Layard）所開創，探討長期的幸福（而不是短暫的快樂）與經濟關係的研究，結合了心理學、經濟學、哲學、社會學、神經科學與社會政策，認為有七種重要的因素影響幸福：

1. **個人價值觀**
2. **個人自由**
3. **健康**
4. **朋友和社群**
5. **工作**
6. **家庭關係**
7. **財務狀況**

有趣的是，這個理論有一個結論：使我們不幸福的主要原因，在於花太多時間與別人比較。

我想起奧斯卡曾經說：「要當心那些說我什麼都不在乎，只是想要快樂、幸福的人。

因為他們正是世界上最貪婪的人。」

原因很簡單，因為任何想要的東西，只要得不到，就會讓人變得不快樂，所以想要快樂的人，其實就是什麼都要的人。想要避免不幸，就要當心貪心的陷阱。

你也是那種貪心的人嗎？

將大石每天推到山頂的薛西弗斯，每天做同樣的事，就表示他不幸福嗎？成為佛陀的悉達多太子，為什麼認為幸福可以是外在什麼都沒有？

你有沒有想過，為什麼王子公主都需要愛情才能過著幸福快樂的生活？王子公主如果沒有愛，還能幸福嗎？

為什麼有些人總以為過去比現在幸福，或是幸福總在未來？他們有可能是對的嗎？

梵谷即使一輩子受苦，但是他一直有想做的事，是不是比起對什麼都沒興趣的人，更加幸福呢？

幸福的來源不等於幸福本身。所以幸福到底是什麼樣的東西？

亞里斯多德認為，人類的生活可區分為三種類型。第一類是享樂的生活，在這種生活中，將快樂視為幸福。第二類是社會的生活，其中最重要的是名譽。第三類是沉思的生活，是思考有關基於品德的神、世界與自我靈魂的生活。能夠沉思的生活，是亞里斯多德心目中最高貴的生活。所以思考的時候，包括思考「幸福」是什麼，有可能就是我們最接近「幸福」的時刻！

原來，幸福快樂不一定要等待王子公主的相遇，王子公主相遇了也不見得會幸福快樂。

思考雖然不是幸福本身，卻可以是我幸福的來源，而思考時的我，一直是幸福的。你的幸福是什麼？

當自己人生的咖啡師

喝咖啡是一種偷時間的方法，
你越老，就越有權利這麼做。
——英國奇幻文學作家泰瑞·普萊契
（Terry Pratchett）

為自己創造一個容許「慢慢來」的環境

一位以前上過哲學工作坊的學員Tanya，因為在職場遇到挫折而去讀了法律碩士專班，但得到更多的法律知識，似乎並沒有幫助他解決工作上的各種不愉快，於是決定前來尋求幫助。

我從臉書上得知，他最近因為工作壓力過大，主動告訴上司自己有恐慌症。原本以為可以得到上司的理解、調整工作的節奏，沒想到卻直接當場被解僱！

「我想請問一個問題：我以前一直在逃避衝突，總是忍到自己生病或爆炸，才傷痕累累地離開。這幾年我在學習不要害怕，希望適當的衝突可以讓彼此理解互相的底線。這次遇到的勞資糾紛，我並沒有要告雇主，但是我寫滿法律語言來嚇她，因此發現自己的陰暗面，也發現自己對於掌握衝突的規模，其實沒有概念。我想要學習怎麼拿捏，衝突發生時要在什麼程度收手。請問有相關資訊可以提供嗎？」

慢下來思考，越慢越好

「沒有。我沒有資訊可以提供給你。」我斷然拒絕了Tanya的要求。但是我接著說明原因：「更多的資訊是無用的。你需要的不是更多的資訊，你已經有很多資訊了，你真正需要的是學習『慢下來思考』。思考很重要。一個人不會慢下來、不會思考的話，只會繼續跟自己、跟世界衝突。但是你覺察了自己的陰暗面，這是一個好的開始。」

「思考？」Tanya顯得有些詫異。「雖然上過你的哲學工作坊，但是我還是不確定『思考』跟『胡思亂想』或是『預設立場』的差異，常常跳進自己的思維限制裡……」

「你來上哲學工作坊那段期間，並沒有學會慢下來思考啊！頂多只是恐慌症比較少發作而已。」我很直白地告訴Tanya我的觀察。

原本我有點擔心，Tanya無法接受這麼直接的評價，身心症會因此發作，但是我信任我的每一個學生，相信他們有能力在看到鏡子中的自己時，能夠接受自己真正的樣子。Tanya的回應，也果真讓我放心不少。

「你是對的！我問你問題之前，其實就已經意識到這件事：我超沒耐心。急著想要答案、想要結果，想要逃避混沌不明時的不安。」

我因此給了Tanya一個簡單的建議：

「或許你可以找出過去上哲學工作坊時的錄影，慢慢重看，利用暫停鍵的功能，不要以為自己大概了解就好了。試著一句話、一句話慢慢來，尤其是你在課堂上說話的部分。除非你確認每一個字、每一句話都真的聽清楚了，否則不要播放下一句話。加油，慢慢來，越慢越好。」

「你以前也走過這種階段嗎？」Tanya問我。

我毫不猶豫地說：「那當然！我到現在還是這樣呢！」

你的人生沒問題，還是沒意識到問題？

為什麼人對自己的黑暗面開始有所覺察，是一件好事呢？

一個人只要開始知道自己的陰暗處有些什麼，也就是覺察那些黑暗的本質「是什麼」

（what），才可以開始探尋這些黑暗「為什麼」（why）形成的原因。知道原因之後，才可以進一步思考「該如何做」（how）。

一般人因為總是急急忙忙處理「緊急」的事，所以會直接跳到「該如何做」這最後一步，而不想「浪費」時間去了解問題「是什麼」，以及「為什麼」。但是我們並不知道的是，如果不去面對真正「重要」的「是什麼」和「為什麼」，我們不管「如何做」，往往都是徒勞無功的，同樣的悲劇只會不斷重演，就像物理中說的「熵增」，以及Tanya在職場上總是會變得一塌糊塗的勞資關係。

事後隔天，Tanya告訴我，經過我的提醒後，他試圖讓自己「慢一點」決定，不要那麼害怕懸而未決的感覺，雖然還在試，「但是真的說到我的要害了！」

「那太好了！每一次只要你記得慢下來，就會距離思考近一點。包括呼吸也要記得慢下來。恐慌的時候，之所以會過度換氣症候群發作，證明你連呼吸都太快，不是嗎？」我說。

「本來應該立刻繼續找工作的，但不知道為什麼，跟你談話以後，我叫自己慢下來。不要急急忙忙找下一份工作，否則下一份工作也不會長久，只會一直內耗。」Tanya告訴我他自己的觀察。「雖然才慢下來半天，就已經發現自己問題一堆。原本我一直認為自己沒問題，現在發現我只是根本沒意識到那些都是問題。」

找到自己「慢慢來」的基因

後來，我在Tanya的臉書上，看到一則他標題寫著「效率？」的貼文，內容大概寫著：「在職場的薰陶之下，我相信大家之所以能在職場生存，都是因為作業有效率。職場是個不允許慢慢來、慢慢長大的地方，也就是這樣，自己的社交圈內的耐心與包容，更顯彌足珍貴。

「褚士瑩給了我一語中的的忠告『慢下來思考』。對比職場中的效率，慢下來思考才是真正學習、萃取的過程，效率只代表了機器人的產能。」

很多人喜歡喝手沖咖啡。但是你知道為什麼有些人的手沖咖啡比較好喝嗎？是不是要用最貴的豆子？是不是來自得獎最多的咖啡師的「神之手」？是不是要用最純淨的山泉水、越貴越好的設備？

這聽起來就很像教養、育兒的迷思，要給孩子最好的環境、找最好的老師、上最貴的學校、吃最高級的有機食物，好像這樣就可以養育出一個很棒的孩子，但是我們都知道這不是真的。咖啡的世界也一樣。決定每一個孩子最重要的三個變數，依序無非是基因、運氣、教養。也就是說，教養頂多只能排在第三位。

一杯咖啡也是一樣，萃取的主要是咖啡本身固有的味道，這是「基因」的部分；然後是萃取了咖啡的環境，這是咖啡「運氣」的部分；最後，手沖一杯咖啡的人，會根據個人的口味和個性調整，造成風味的不同，這是「教養」的部分。

「基因」的部分其實很簡單，神經大條的人如我，可以只選擇大方向，像是羅布斯塔或是阿拉比卡。神經比較小條的處女座，當然也可以在岔路上選擇細微的路徑，像是紫葉或是藝妓。對於基因，只要能夠「辨識」誰是誰就行了。除非你是遺傳工程科學家，那麼就會研究染色體人類基因組的完整序列，目前科學家團隊提供最完整的版本是由三十億五千五百萬個鹼基對（構成染色體和基因的單位）和一萬九千九百六十九個蛋白質編碼基因所組成。這些基因中大約有兩千個新基因，其中大多數已沒有作用，但有一百一十五個新基因可能仍有活性。科學家還發現大約兩百萬個額外的遺傳變異，其中六百二十二個存在於醫學相關基因中。想要改變人類基因，其實就是拒絕自己是「人」的事實，站上了「神」的位置。

「運氣」的部分也很簡單，跟面對基因一樣，只要全然地「接納」就行了。因為同樣有著藝妓基因的咖啡，可以來自於衣索比亞的藝妓山（Geisha Mountain），當然也可以來自南台灣西拉雅的大鋤花間。但我不會說一樣的基因，會有一樣的運氣，即使同一個莊園，在不同的季節，雨水和陽光的氣候條件也會不同，不同山坡的土壤表現，採收的時間點，農夫的摘採和處理，咖啡會遇到的各種人、事、物，其實都不是身為消費者的我可以決定的。努力想要「對抗命運之神」的人，總是活在無盡的失望和疲倦之中，我不想要成為這樣的人，所以對於命運，我一律接受，無論是到我手上的咖啡，還是我的人生。

接受了「基因」和「運氣」，剩下的才是我可以做的小事，也就是我說的「教養」。努力是應該的，因為努力帶給我們有「自主性」（autonomy）的錯覺。但是在過度努力之前，別忘了再多的教養，在基因和運氣面前，其實都是很有限的，無論面對的是DNA序列、珠穆朗瑪峰，還是十公克的咖啡豆。

咖啡的「教養」課

如果我們要當好自己人生的咖啡師，讓人生變成美味的咖啡，那就非得好好想一想不可，人生真正「重要」的事情若只有三件要做，能為自己創造一個可以慢慢來的環境，你的會是哪三件？

我可以想像，一杯好喝的咖啡，三個最重要的決定因素。讓很多人意外的是，最重要的並不是咖啡的量，而是萃取咖啡豆的時間點跟濃度、咖啡豆研磨的粗細度，和熱水經過咖啡的溫度。慢慢做著這三件事，而這個可以容許慢慢來的環境，一定是咖啡師為自己創造的。

首先，我們來說一下關於咖啡萃取的速度。

萃取咖啡時，總是最初的萃取液很濃，越往後，萃取液的色澤就變得越淡。烘焙過程中所形成的咖啡成分，被熱水溶解出咖啡液體，前期百分之二十左右的萃取液濃度高，溶解出的咖啡成分有整體的百分之八十左右，也是香氣和味道最濃重的部分。這意味著咖啡豆裡所含的可溶性成分，會隨著時間逐漸減少。咖啡成分的溶解，就像人生一樣，不是前後一致的，「青春」就是從濃逐漸變淡的人生萃取過程。在我眼中，堅持人生「越陳越香」的人，其實只是不願意承認已逝的青春，在做無謂的掙扎罷了，因為越是往後，味道和香氣也會隨之變淡，醇厚度和苦味的成分較多。如果說人生到老會變得更加「醇厚」，我是可以接受的，但絕對不是「香氣」，因為伴隨厚度跟個性而來的是不可免的苦澀。

一個高明的咖啡師在前期萃取時，要先注入少量水，越慢越好，等到充分滴水之後再注入少量水，目的是得到最大的香氣；後期的注水量則要多而快，還沒滴完就要馬上補充注水，萃取液也淡。

分四次注水，基本上就像萃取人生，主要會有四次「注水」的機會，前面要慢一點，後面要快一點，這個原則決定了人生是充滿香氣的，還是充滿了苦味。

其次，就是咖啡粉的粗細度了。

磨豆機都有控制研磨的粗細刻度，這與咖啡細胞與水接觸的表面積有著直接關聯，磨成細粉之後，與熱水接觸的表面積大，溶化的速度就快，溶解出的咖啡成分濃度也高。反過來，咖啡粉磨得粗，與水接觸的表面積少，萃取液的濃度就低。

萃取義大利式的濃縮咖啡時，一般咖啡粉磨得很細，可以在短時間內萃取，使咖啡的香氣和味道表現最大。但是因為咖啡粉太細，以自然的重力來說熱水是無法通過的，所以才會使用咖啡機，加上九帕斯卡（符號Pa或Pascal，是的，就是以法國哲學家帕斯卡命名的）的壓力，強迫熱水可以快速通過咖啡粉粒之間，來萃取出咖啡的香氣和味道。如果從教養來說，就是我們口中的「虎媽」，或是鋼琴家郎朗的父親。

但是手沖不同，手沖不能加上水壓來調節萃取速度，只能溫柔地調整咖啡粉的粗細來調節萃取速度。理論上來說，公認最理想的手沖粗細度，是0.85mm粗的粉粒占整體的百分之七十左右。0.85mm大概就是半粒至一粒芝麻的大小，說來容易，但是實際操作很難精準到這個標準，所以選擇了溫柔，就要能夠接納事與願違。

第三，是水的溫度。

萃取咖啡時，水溫越高，咖啡所含的香氣和味道溶解出來的也越多，味道很濃，但代價是苦味也隨之增加。

反過來說，水的溫度越低，咖啡的香氣和味道就淡，但是咖啡的苦味也會減弱。

換句話說，熱水會讓好的味道和不好的味道同時萃取出來，這就是人生。

高明的咖啡師會依據萃取時間調整水溫，如果萃取時間短，水的溫度相對可以高一些，讓不好的味道和雜味有機會溶解出來的時間變短；但是如果萃取時間長，水溫就要相對低些。

我們在咖啡館看到咖啡師會使用銅質的手沖壺，因為銅的導熱性好，熱水很快就會降溫。使用銅質手沖壺萃取時，最先得出的咖啡是用很高的溫度，在萃取過程中，銅壺內的水溫會從理想的九十六度C慢慢降到結束時的八十度C，讓前期萃取的咖啡香濃，而後期萃取的咖啡變得比較柔和、不苦澀，滴落在同一個咖啡杯中充分地融合。

當然，咖啡師也會根據咖啡豆的新鮮度來調整水溫。越是新鮮的咖啡豆，在接觸熱水時，排擠出較多烘焙時產生的氣體，之後再調降就可以了。但是放了很久的咖啡豆，豆子裡面的氣體已經自然排出，且咖啡油脂成分填滿了多孔質細胞構造，為了要能夠充分萃取出咖啡，就要用水溫高的水來萃取。

答案，靠自己去找

如果我們要當好自己人生的咖啡師，讓人生變成美味的咖啡，那就非得好好想一想不可，決定一杯咖啡好不好喝的三個條件，如果前兩個都不是我們能改變的，只能學習全然接受。唯一能控制的三個變數，無非就是速度、粗細度跟溫度，那麼這些就是「重要」的三件事。

如果你希望自己的人生是一杯美味的咖啡，就必須誠實地看著自己的人生咖啡豆，基因跟你是新鮮的豆子，還是放很久的豆子？根據這些客觀條件來決定自己是否像義大利濃縮咖啡那樣，把自己磨得很細、給自己巨大的壓力，強迫瞬間綻放後，得到標準的產品；還是你更想如手沖咖啡那樣，慢慢來，磨得粗一點、不施壓才能更美味，慢慢地調整水溫，調整注水的速度，並且接受不可預知的結果？

這個答案，只有你自己能夠找到。因為你所有的人生，只能萃取成一杯咖啡，也只有自己，才能當好你人生的咖啡師。

Creative 181

別慌，一天只做三件事就好：褚士瑩的日常慢哲學

填回函雙重禮
① 立即送購書優惠券
② 抽獎小禮物

作　　者｜褚士瑩
出 版 者｜大田出版有限公司
台北市一〇四四五中山北路二段二十六巷二號二樓
E-mail｜titan@morningstar.com.tw http://www.titan3.com.tw
編輯部專線｜（02）2562-1383 傳真：（02）2581-8761
總 編 輯｜莊培園
副總編輯｜蔡鳳儀
行政編輯｜楊雅涵／鄭鈺澐
校　　對｜黃薇霓／金文蕙
內頁美術｜陳柔含
初　　刷｜二〇二三年一月十二日　定價：三五〇元
網路書店｜http://www.morningstar.com.tw（晨星網路書店）
TEL：（04）23595819 FAX：（04）23595493
購書Email｜service@morningstar.com.tw
郵政劃撥｜15060393（知己圖書股份有限公司）
印　　刷｜上好印刷股份有限公司
國際書碼｜978-986-179-778-6 CIP：191.9/111017142

國家圖書館出版品預行編目資料

別慌，一天只做三件事就好：褚士瑩的日常慢哲學／褚士瑩著．——初版——台北市：大田，2023.01
面；公分．——（Creative；181）
ISBN 978-986-179-778-6（平裝）
191.9　　111017142